I0787248

CARLOS SÁNCHEZ BERZAÍN

BOLIVIA
La Patria está cautiva

Fondo Editorial del Interamerican Institute for Democracy

Diseño: www.alexlib.com

Fondo Editorial Interamerican Institute for Democracy
2100 Coral Way, Ste. 500 – Miami, FL 33145
Tel: 786-409-4554 – Fax: 786-409-4576
www.intdecomocratic.org – iid@intdemocratica.org

A todos los bolivianos perseguidos, presos y exiliados políticos, víctimas de la dictadura de crimen organizado que detenta el poder en Bolivia y que la ha convertido en narcoestado.

ÍNDICE

EL CASTROCHAVISMO BUSCA DESTROZAR
LA REVOLUCION NACIONAL BOLIVIANA

EL NARCOESTADO DICTATORIAL EN BOLIVIA

PRESENTACIÓN

La lucha del exiliado Carlos Sánchez Berzaín por su Patria Bolivia

Bolivia: La Patria está cautiva es un resumen de la permanente actividad del abogado, académico y político boliviano Dr. Carlos Sánchez Berzaín, quien exiliado al haber sido forzado a dejar su país por el derrocamiento del Presidente Gonzalo Sánchez de Lozada producido el 17 de octubre de 2003 cuando cumplía funciones de Ministro de Defensa Nacional, nunca ha dejado de estar presente en la actividad y la realidad política bolivianas, defendiendo los principios y valores de libertad, democracia, derechos humanos e institucionalidad, denunciando cmo se construía y luego consolidaba lo que hoy se reconoce como la "dictadura en Bolivia".

Este trabajo es también un documento de la historia de Bolivia desde el año 2003 hasta el presente, con importantes indicaciones historiográficas de las Américas, pues ubica correctamente al proceso boliviano como parte de la construcción, expansión y consolidación de la alianza entre Hugo Chávez y Fidel Castro que permitieron la salvación Cuba como la única dictadura de la región y la recreación de sus mecanismos y sistemas para destrozar la democracia en América Latina por medio del denominado movimiento bolivariano, proyecto Alba, socialismo del siglo XXI , ahora simplemente denominado "castrochavismo".

A lo largo de la cronología que en torno a la defensa de Bolivia realiza el Dr. Sánchez Berzaín, se recoge con claridad la expansión del modelo de simulación democrática prontamente convertido en dictadura de la mano del dinero, la corrupción, el narcotráfico y otros delitos, bajo el liderazgo de Chávez y Castro, con la activa participación de Lula da Silva desde Brasil, los Kirchner desde Argentina, Insulza desde la Organización de Estados Americanos (OEA), la indiferencia —por decir lo menos— de los Estados Unidos, y más.

El libro está organizado por capítulos que tocan temas que engloban cartas, documentos, columnas de prensa, ensayos, denuncias y polémicas. Ha incluido un capítulo sobre la manipulación y suplantación constitucional, plagada de graves delitos de orden público, que se han cometido en Bolivia desde el año 2003 para aplicar el modelo castrochavista de constituyente y terminar con la República de Bolivia, que van desde la falsificación de la reforma constitucional de 2004 en el gobierno de Carlos Mesa hasta la redacción de la constitución del Estado Plurinacional por el Congreso Ordinario, con la clara nulidad de los actos en ambos casos por "usurpación de funciones".

La entrevista realizada por el periodista y escritor Gonzalo Lema, que se incluye como un capítulo, que fue parte de la publicación del periódico Los Tiempos de Cochabamba con el título "la Bolivia que se va, la Bolivia que viene" en 2011, muestra la capacidad de análisis político de Carlos Sánchez Berzaín que califica al gobierno de Evo Morales como el ultimo del sistema actual y no el primero como pretende su propaganda, afirmando que "la Bolivia que se va es la Evo Morales" y mostrando su visión clara respecto a lo que terminó sucediendo después y aún acontece.

Pretendiendo un resumen de la obra, la frase es "la constante e incasable lucha del exiliado Carlos Sánchez Berzaín por la democracia y por su patria Bolivia", lo que sumado a las innumerables entrevistas de radio, prensa escrita y televisión que el autor concede, sus análisis en comparecencia públicas, sus conferencias que pueden ser vistas en las redes sociales y la persecución política implacable y sostenida que Evo Morales y su régimen le realizan, configuran un documento fundamental para entender la realidad latinoamericana de lo que va del siglo XXI en Bolivia y la región.

Las oportunas denuncias y pruebas que sobre la coca, la condición de dirigente cocalero de Evo Morales y su impostura como indígena, la expansión de la producción de cocaína, la red delictiva del castrochavismo con el eje en Venezuela, la provisión de droga por las FARC y los sindicatos de Morales, hasta el señalamiento internacional a Venezuela y Bolivia como "narco estados", es otra demostración de la valentía y oportunidad histórica del autor.

Los anexos constituyen verdaderas piezas de la historia. Resultan notables la carta de la renuncia forzada del Presidente Sánchez de Lozada, los decretos de amnistía de Carlos Mesa que protegen y dan impunidad hasta ahora a Evo Morales y sus cómplices por los hechos de octubre de 2003, la falsificación de la ley de reforma constitucional del año 2004, la ley de suplantación por el Congreso Ordinario que se atribuye y ejerce funciones constituyentes, el fallo del Juez Federal de los Estados Unidos que libera al autor de las falsas acusaciones sobre los sucesos luctuosos del derrocamiento en el que defendió la democracia.

Con toda la historia, análisis y lucha permanente del autor que el libro contiene, sin duda lo más importante es el análisis de la realidad actual de Bolivia. El título "LA PATRIA ESTA CAUTIVA", corresponde al mensaje que Carlos Sánchez Berzaín dirigió al pueblo boliviano en julio de 2018 afirmando que "Bolivia tiene hoy día un solo objetivo que es recuperar la Patria, esto significa recuperar la democracia y recuperar la República, recuperar las condiciones de democracia para que haya elecciones libres" y en la que hace tres propuestas:

La primera, debemos señalar al dictador como lo que es. Señalarlo por su corrupción, por la crisis económica a la que está llevando a Bolivia en el camino de Cuba y Venezuela. Por los atropellos, abusos y excesos que comete, que son crímenes, porque la dictadura de Bolivia es una más de las "dictaduras de crimen

organizado transnacional" agrupadas en torno a Venezuela y
Cuba. Y, por el narcotráfico que hace que hoy día se señale a
Bolivia como un "narco estado" en el ámbito internacional.

Segundo, un proyecto de unidad nacional, que no tiene
nada que ver con la ideología, con los partidos políticos, con
las ambiciones personales, regionales o sectoriales. Se trata de
hacer lo que se hizo en la década de los setenta para recuperar la democracia, primero recuperar la democracia y después
disputar el poder. Formar una alianza por la democracia que
permita a la mayoría de los bolivianos estar contra la dictadura y derrotarla.

En tercer lugar, tener conciencia de que no hay elecciones
en dictadura y que quien haga el juego a las elecciones de Evo
Morales para el 2019, lo único que está haciendo es prestarse
al juego de la dictadura, y que cuando caiga la dictadura esa
"oposición funcional" caerá con la dictadura."

En el marco de la realidad de las Américas, la propuesta del
autor para sacar a Bolivia de las dictaduras del castrochavismo es
de las más claras que se conocen, y por ella avanza ahora mismo
la construcción del futuro de los bolivianos, en el que Carlos Sánchez Berzaín es personaje imprescindible.

15 de agosto de 2018
Embajador Armando Valladares[1]

---

1. Humanista y defensor de los Derechos Humanos. Embajador de los Estados
Unidos en el Comité de Derechos Humanos de las Naciones Unidas en Gine-
bra. Preso Politico de la dictadura castrista de Cuba por mas de 22 años. Autor
del Libro "Contra toda esperanza".

INSTAURACIÓN DE LA DICTADURA

Constitucion chavista para Bolivia

CARLOS SÁNCHEZ BERZAÍN
Diciembre 15, 2007

En los últimos días Bolivia es nuevamente noticia internacional por las acciones de la Asamblea Constituyente de Evo Morales quien ha anunciado al país y al mundo que logró la aprobación de un nuevo texto constitucional. La aprobación en grande se hizo en una instalación militar en la Capital de la Republica y en medio de una fuerte represión del gobierno a la población civil que causó muertos y heridos. La aprobación en detalle se realizó en Oruro, entre Sábado en la noche y Domingo, con solo los constituyentes de Morales.

La Constituyente boliviana se extinguía el 6 de Agosto de este año, fecha a la que el oficialismo no había logrado absolutamente nada, pero por un acuerdo del oficialismo con la oposición en el Congreso Nacional, se determinó la prórroga hasta el 14 de Diciembre. Formó parte de este acuerdo el retroceso de Evo en una acusación de juicio de responsabilidades contra el ex presidente Jorge Quiroga, la designación de cuatro ministros para las salas penales de la Corte Suprema de Justicia (dos de Evo y dos de la agrupación del ex Presidente Quiroga), y otros convenios que la historia no tardará en esclarecer. Sin esta prórroga no hubieran sido posibles los abusos y violaciones que ahora sufre la democracia boliviana.

Pero más allá de esas características de la política local , la maniobra, la imposición y el uso de la fuerza fueron las herramientas que el gobierno eligió para lograr resultados de la Constituyente.

La asamblea fue digitada por Evo Morales como parte de la estrategia política diseñada desde La Habana y Caracas, que busca el control totalitario del poder en los países que ese eje ha subordinado hasta ahora.

Luego de la derrota de Chávez en el referéndum, Evo anunció el traslado de las sesiones de la constituyente a la zona cocalera del Chapare (su centro de poder), pero con pocas horas de anticipación la hizo convocar en Oruro donde con movilización sindical y cocalera, control policial y militar, en fin de semana y de noche, solos sus seguidores aprobaron en detalle un texto que de inmediato presentó como una nueva Constitución y como un gran avance político y social. No se cumplieron los mínimos requisitos ni de forma, pues no tuvieron tiempo ni para leer el documento y menos para debatir. Se cumplía una consigna.

Lo que ha logrado esta acción es profundizar la división de Bolivia con resultados insospechados. Se ha excluido a la mayoría de la sociedad boliviana y de ahí las reacciones sectoriales, sociales y regionales que hoy se observan. Han puesto a los bolivianos ante la alternativa de defenderse o someterse.

Lo que Evo denomina "avances históricos" contenidos en el texto de Oruro, son estipulaciones totalitarias, regresivas, que atentan contra la libertad y la democracia. Este texto acaba con la nación boliviana cuya construcción comenzó la revolución nacional de 1952 al reconocer 35 naciones en el Estado boliviano; elimina el Senado Nacional y se establece la Asamblea unicameral en lugar del Congreso Nacional; dispone la reelección presidencial inmediata (que era el objetivo político más importante para el gobierno); elimina la educación privada del sistema nacional; desconoce las autonomías de cuatro departamentos como mandato de un referéndum; termina con la propiedad privada, pues se dispone que todo terreno no edificado en zona urbana será expropiado; establece prioridad para la inversión nacional respecto a la extranjera cuando la capacidad de inversión nacional es muy reducida por falta de capital y tecnología; centraliza el control de todo el aparato del Estado en manos del Presidente de la Republica; elimina la representación de las minorías en la Asamblea (Poder Legislativo) pues todos los diputados serán elegidos solo por mayoría; da fin con la jurisdicción militar; liquida a la Corte Nacional Electoral cambiándole el nombre por el de Consejo Electoral para cesar a sus actuales miembros no sometidos al gobierno, estableciendo que 2 de sus 5 componentes deberán ser indígenas; determina la ratificación de tratados internacionales por referéndum; reduce a simple mayoría las designaciones institucionales; dispone la reversión de todas las concesiones mineras en el plazo de un año; determina controles corporativos sobre los poderes del Estado, y en suma, acaba con la institucionalidad que debió fortalecerse con la reforma.

Así, hoy Evo Morales proclama un nuevo texto constitucional chavista, que ratifica la liquidación de la democracia en Bolivia pero que le otorga poderes totalitarios.

Bolivia: aniversario patrio de un pais intervenido

CARLOS SÁNCHEZ BERZAÍN
Agosto 6, 2009

Este nuevo aniversario de su independencia encuentra a Bolivia como un país en camino de su disolución nacional. Un país sin democracia e intervenido por gobiernos extranjeros

La voluntad nacional ha sido sustituida por los mandatos de Cuba y Venezuela que determinan tanto la política interna como internacional de Bolivia, teniendo en Evo Morales –auto proclamado marxista, leninista, estalinista, castrista y chavista- al operador dócil que ha entregado a nuestro país a este proceso neo-colonial.

La constitución de Evo -aprobada ilegal y fraudulentamente- ha roto la institucionalidad democrática y puesto en peligro a la nación, al haber dado lugar a la re-elección presidencial y a la concentración de poder en una sola persona. Ha eliminado la separación y equilibrio de poderes y viola las libertades fundamentales. La democracia en Bolivia ha desaparecido.

El Tribunal Constitucional está vaciado. La Corte Suprema es un órgano ocupado al servicio de la persecución política, tiene a su presidente enjuiciado y suspendido. Las Fuerzas armadas están bajo control foráneo con mandos sometidos.

La lucha contra el narcotráfico está en poder de los sindicatos productores de coca ilegal, cuyo máximo dirigente sigue siendo Evo Morales; la sociedad boliviana está indefensa, ya que la alfabetización, la medicina rural, los correos y las telecomunicaciones están en poder de cubanos. La prensa está bajo un acoso permanente y hasta la Iglesia Católica ha sido sentenciada públicamente a su destrucción por el poder presidencial.

El sistema de identificación personal, elemento clave de la seguridad individual y componente esencial del ejercicio electoral, está manejado por el eje cubano venezolano, conjuntamente con los servicios de inteligencia. Las futuras elecciones estarán totalmente apañadas y la re-elección de Evo con fraude es un hecho.

Hay una nueva política internacional, alejada de los verdaderos intereses bolivianos y en perfecta coordinación con la destrucción interna. Evo Morales ha renunciado a la reivindicación marítima boliviana y ha encendido su discurso anti-imperialista, siguiendo la política exterior cubano-venezolana: estrechamiento de relaciones con Irán y conflicto con los países continentales que no se someten al ALBA. Bolivia está hoy aislada de cualquier posibilidad de inversión seria por las confiscaciones estatistas y la absoluta falta de respeto a la ley y a la propiedad privada .

Esto ha sido posible siguiendo un proceso deliberado de destrucción del sistema de partidos políticos y de libertades individuales: persecución y criminalización de líderes opositores; amenazas y sobornos; hechos de violencia premeditados, masacres y asesinatos; procedimientos de terror que han llevado a que Bolivia tenga hoy perseguidos, exiliados y presos políticos.

Sin embargo, el autoritarismo que rige en Bolivia se presenta en el ámbito internacional como una democracia y como un proceso de liberación indígena, cuando en verdad ha producido el más grave proceso de confrontación entre bolivianos y de violación permanente de derechos humanos.

La acción política fundamental es la confrontación. La lucha de clases ha sido ampliada a la lucha de etnias, de razas, de regiones, de género, de generaciones, de religiones, de gremios y de todo lo que se puede conflictuar. Esta confrontación se promueve y dirige desde la presidencia de la República, con una agenda que sigue el modelo de Cuba, Venezuela, Ecuador y Nicaragua. Copia un procedimiento de destrucción de lo nacional para sustituirlo por el proyecto que han denominado socialismo del siglo XXI o ALBA y que no es más que un neo-comunismo colonial cubano-venezolano.

Las amenazas y los peligros son muy graves. El proceso premeditado de destrucción de la nación y el estado bolivianos, promovido por Cuba y Venezuela y ejecutado por Evo Morales, ha llegado muy lejos y busca consolidarse con las elecciones nacionales del próximo diciembre. El oficialismo le suma al fraude constitucional, también el fraude electoral sin el que no puede ganar.

Los verdaderos problemas subsisten. Los índices de pobreza se agravan y los resultados de la inversión promovida por 20 años de una política económica satanizada ahora como neo liberal han sido desaprovechados al igual que los buenos precios de los minerales y el gas. Los bolivianos siguen sumidos en la pobreza y ahora asfixiados por la presencia del narcotráfico, el terrorismo, la corrupción gubernamental, la prebenda y el autoritarismo.

Este 6 de agosto, al recordar el aniversario patrio, vemos que la independencia de Bolivia se ha perdido de la mano del actual presidente que como principal acto de gobierno comete "traición a la Patria".

A partir de esta evidencia, se impone una tarea fundamental de la que depende la vida misma de Bolivia: la unidad de los bolivianos en torno a la necesidad de recuperar y sostener la construcción de la NACION BOLIVIANA como base de un Estado democrático e institucionalizado. Unidad para recuperar la democracia.

Ante la confrontación propuesta -artificialmente planteada a través de lucha de clases, regiones, etnias, razas, género, generaciones y gremios- es imprescindible levantar la bandera de una nueva alianza, la unidad y la convergencia para fortalecer la nación boliviana como cuerpo social diverso, pluralista, tolerante y unido. Un país de inclusión y no de exclusión.

Que el mundo mire a Bolivia: ¡acaban con la democracia!

CARLOS SÁNCHEZ BERZAÍN
Desde exilio, 4 de diciembre de 2009

Cuando este domingo 6 de diciembre se cumplan las "elecciones de Evo", con la "constitución de Evo" y se consolide la "mayoría absoluta de Evo", se habrá pasado el punto de no retorno que liquida la democracia en Bolivia, el proyecto de Castro y Chávez para América Latina se habrá anotado un triunfo vital en su diseño de intervención autoritaria. El festejo mas importante será sin duda en Caracas y La Habana y el mismo momento comenzará en Bolivia el segundo tiempo del amedrentamiento, persecución, crimen y exilio que Evo Morales proporciona al país desde que se inició como dirigente cocalero y que ha intensificado en su gestión presidencial.

Las elecciones generales en Bolivia deberían celebrarse el próximo año, el 2010, para elegir un nuevo presidente porque la Constitución no permitía la re elección. Las elecciones de este 2009 son el resultado de varios años de maquinaciones, ruptura constitucional e institucional, destrozo deliberado del sistema de partidos políticos, persecución de líderes políticos y opositores, criminalización de la actividad política por medio de juicios, exilio, amenazas, cohecho, corrupción, masacres y violencia producidas por Evo Morales con la directa intervención de Venezuela y Cuba para aplicar en Bolivia la franquicia autoritaria del Alba. (Alternativa Bolivariana para América Latina y el Caribe)

La democracia boliviana se fue acotando progresiva y sostenidamente desde el derrocamiento del Presidente Sánchez de Lozada en octubre de 2003, que fue el primer paso estratégico que el proyecto autoritario transnacional ejecutó para apoderarse de Bolivia, décadas después del fallido intento guerrillero auspiciado –con el mismo propósito- desde La Habana. Cuando Evo Morales llegó al poder, la intervención cubano-venezolana se hizo directa y la franquicia autoritaria empezó a ejecutarse implacablemente hasta conseguir la sustitución de la Constitución.

La sustitución constitucional (porque no fue reforma), solo pudo producirse violando todo el ordenamiento jurídico boliviano, al punto que se llevó a referéndum un texto que nunca había pasado por las manos de los constituyentes. Las masacres de Cochabamba y Sucre, confrontaciones , movilizaciones cocaleras, juicios de responsabilidades a todos los ex presidente vivos y ministros, extorsión, talegazos, amenazas desde el gobierno, y la entrega -bajo esas circunstancias- de los votos controlados por Jorge Quiroga y Samuel Doria Medina, posibilitaron que Evo tenga su constitución. (preparada por el mismo bufete de abogados de Valencia-España que hicieron las constituciones de Venezuela y Ecuador).

El proceso electoral de 2009 está marcado por el fraude: el llamado padrón biométrico que solamente facilita la trampa a favor de la candidatura de Evo; una campaña millonaria para el candidato oficialista, con control de medios de comunicación y atentados permanentes a la libertad de prensa; control sindical cocalero para evitar el desplazamiento de candidatos de oposición; voto comunitario inducido desde el gobierno; flagelaciones a opositores como la perpetrada contra el dirigente indígena Marcial Fabricano; enjuiciamiento criminal de candidatos opositores desde el gobierno; asesinatos y creación de conspiraciones para incriminar opositores como la producida en Santa Cruz; ausencia de control de constitucionalidad por el vaciamiento del Tribunal Constitucional por amenazas del propio Evo; anulación de la Corte Suprema de Justicia por enjuiciamiento de su Presidente y varios miembros; cortes electorales amenazadas y subordinadas al gobierno; encarcelamiento y silenciamiento del Prefecto de Pando y luego candidato a la vicepresidencia del frente opositor; y la declaración pública del propio Evo de que mandará a la cárcel a su principal contrincante electoral Manfred Reyes, son entre otros, elementos que no se conocen en el mundo, o que si se conocen no parecen haber llamado la atención sobre esta forma "peculiar de acción política" que ya no se puede llamar democracia.

Como corolario, el propio Evo Morales declaró esta semana que luego de las elecciones tendrá los dos tercios del senado "para nombrar y controlar la Corte Suprema de Justicia y el Tribunal Constitucional". Esto es que después del domingo 6 de diciembre tendrá "el poder total".

Es tan grave la situación que uno de los fundadores del partido de Evo, el dirigente minero y ex senador Filemón Escobar, acaba de declarar que luego de estas elecciones Evo Morales constituirá un "estado estalinista" donde Evo eliminará a todos sus opositores.

Mary O' Grady desde su columna del Wall Street Journal ha escrito que esta elección es el "fin de la democracia boliviana" Esta es la situación de Bolivia, que parece no interesar al mundo democrático desde hace varios años.

Acabaron con la democracia en Bolivia

CARLOS SÁNCHEZ BERZAÍN
8 de Diciembre, 2009

Las elecciones del pasado domingo 6 de diciembre en Bolivia marcan el punto de no retorno que liquida la democracia en el país, y otorga al proyecto de Castro y Chávez para América Latina un triunfo vital en su diseño de intervención autoritaria. Fueron las "elecciones de Evo", con la "constitución de Evo" y para establecer "mayoría absoluta de Evo".

Los festejos más importantes son sin duda las elites de Caracas y La Habana, mientras que ha comenzado en Bolivia el segundo tiempo del amedrentamiento, la persecución, el crimen y exilio que Evo Morales inflige al país desde que se inició como dirigente cocalero y que ha intensificado en su gestión presidencial.

Las elecciones generales en Bolivia deberían celebrarse el próximo año, el 2010, para elegir un nuevo presidente porque la legítima Constitución no permitía la re elección. Estas elecciones, las del 2009 son el resultado de varios años de maquinaciones y ruptura constitucional e institucional; del destrozo deliberado del sistema de partidos políticos y la persecución de líderes políticos y sociales; de la criminalización de la actividad política opositora por medio de juicios, exilio, y amenazas; predominio del cohecho, la corrupción, las masacres y la violencia producidas por Evo Morales. Todo ello, con la directa intervención de Venezuela y Cuba para aplicar en Bolivia la franquicia autoritaria del Alba.

La democracia boliviana fue destrozada, progresiva y sostenidamente, desde el derrocamiento del Presidente Sánchez de

Lozada en octubre de 2003, que fue viabilizado por la traición del vicepresidente Carlos D. Mesa y constituyó el primer paso estratégico del proyecto autoritario transnacional ejecutado para apoderarse de Bolivia, tras varias décadas del fallido intento guerrillero auspiciado –con el mismo propósito- desde La Habana. Cuando Evo Morales llegó al poder, la intervención cubano-venezolana se hizo directa y la franquicia autoritaria empezó a ejecutarse implacablemente hasta conseguir la sustitución de la Constitución.

La sustitución constitucional (porque no fue reforma), sólo pudo producirse mediante la violación del ordenamiento jurídico boliviano, ya que el texto llevado a referéndum nunca pasó por las manos de los constituyentes. Después de las masacres de Cochabamba y Sucre, y de las confrontaciones y movilizaciones cocaleras, se amañaron juicios de responsabilidades a ex presidentes y ministros. La extorsión y amenazas desde el gobierno fueron habituales.

Bajo esas circunstancias se produjo la entrega espuria de los votos controlados por Jorge Quiroga y Samuel Doria Medina, y esos votos posibilitaron que Evo tenga su constitución. Curiosamente, esa constitución fue preparada por el mismo bufete de abogados españoles que redactaron las actuales constituciones de Venezuela y Ecuador.

El proceso electoral de 2009 está marcado por el fraude: un llamado padrón biométrico que facilita la trampa a favor de la candidatura de Evo; una campaña oficialista millonaria; el control de los medios de comunicación y atentados permanentes a la libertad de prensa. El control sindical cocalero evita el desplazamiento de candidatos de oposición; el voto comunitario inducido desde el gobierno constituye la abolición lisa y llana del secreto electoral y somete a presiones indebidas a los votantes.

A estas expresiones de fraude, se les agregan la violencia ejercida contra la autonomía del ciudadano boliviano, las flagelaciones a opositores como al dirigente indígena Marcial Fabricano, y el enjuiciamiento criminal de candidatos contrarios al gobierno, mediante el engendro de conspiraciones contra líderes no sometidos al oficialismo.

Existe una ausencia total de cualquier control de constitucionalidad, ya que el vaciamiento del Tribunal Constitucional ha suprimido esta garantía. Las cortes electorales están amenazadas y subordinadas al gobierno. Producto de este absolutismo jurídico es el encarcelamiento y silenciamiento del Prefecto de Pando y candidato a la vicepresidencia de un frente opositor, como también la impunidad de Evo Morales que ha declarado públicamente que mandará a la cárcel a Manfred Reyes, su principal contrincante electoral.

Según declaraciones del propio Morales, hechas públicas la semana pasada, luego de las elecciones habrá obtenido la mayoría necesaria del senado "para nombrar y controlar la Corte Suprema de Justicia y el Tribunal Constitucional". Esto es que, después del domingo 6 de diciembre Evo tiene "el poder total".

Así lo reconoció uno de los fundadores del partido de Evo, el dirigente minero y ex senador Filemón Escobar, quien declaró que luego de estas elecciones, Evo Morales constituirá un "estado estalinista", que le permitirá eliminar impunemente a todos sus opositores.

Ninguno de estos elementos se difunde en el mundo. Si se conocen, no parecen haber llamado la atención sobre esta forma "peculiar de acción política" que ya no se puede llamar democracia.

Sólo voces aisladas se levantan sobre esta situación de Bolivia, que no parece inquietar a nadie desde hace varios años. Mary O' Grady, desde su columna del Wall Street Journal, constituye una excepción, al haber remarcado que esta elección es el "fin de la democracia boliviana".

El llamado triunfo de Evo Morales con mas del 61% de votos, no es sino el resultado fraudulento de un *iter criminis* de varios años que ha terminado el domingo pasado con la liquidación de la democracia en Bolivia y la institución de un poder totalitario. Acabaron con la democracia usando el voto!

Sobre la recarga de Evo Morales

CARLOS SÁNCHEZ BERZAÍN
Diciembre 31, 2009

Eduardo Ulibarri se ha referido en un artículo reciente a la situación de Bolivia después de las elecciones recientemente celebradas [ver La recarga de Evo Morales, Perspectiva, 16 de diciembre].

Es ponderable la exhortación a que Morales practique una auténtica democracia que no consista sólo en elecciones, sino "en un conjunto de garantías individuales y civiles, certezas institucionales, respeto a la oposición y a la independencia de diversos actores sociales" y su reclamo a superar la exclusión y mejorar las condiciones de vida de la población a través del crecimiento económico.

Sin embargo, el autor parte para su análisis de los datos oficialistas del proceso electoral como si estos estuvieran libres de cuestionamientos. Muchas voces se han alzado denunciado el progresivo deterioro de la democracia en Bolivia y las propias páginas de El Nuevo Herald han registrado noticias sobre el exitoso desarrollo del proyecto ALBA en Bolivia que llevaron a la sustitución constitucional para permitir la reelección presidencial.

Las elecciones de Bolivia son el resultado de varios años de maquinaciones y ruptura constitucional e institucional; del destrozo deliberado del sistema de partidos políticos y la persecución de líderes políticos y sociales; de la criminalización de la actividad política opositora por medio de juicios, exilio y amenazas. Todo ello con la directa intervención de Venezuela y Cuba.

democracia en Bolivia. Estas fueron las "elecciones de Evo", con la ``Constitución de Evo" y se consolida la "mayoría absoluta de Evo".

La democracia boliviana se afectó desde el derrocamiento del presidente Sánchez de Lozada en octubre de 2003. Cuando Evo Morales llegó al poder, la intervención cubano-venezolana se hizo directa y la franquicia autoritaria empezó a ejecutarse implacablemente hasta conseguir la sustitución de la Constitución.

El proceso electoral de 2009 está marcado por el fraude: un llamado padrón biométrico que reportó un incremento aproximadamente 40% del padrón electoral en un año y facilitó la trampa a favor de la candidatura de Evo; una campaña oficialista millonaria; atentados permanentes a la libertad de prensa; el control sindical cocalero que evitó el desplazamiento de candidatos de oposición; el voto comunitario inducido desde el gobierno que constituyó la abolición lisa y llana del voto individual y secreto; las flagelaciones a opositores como al dirigente indígena Marcial Fabricano y el enjuiciamiento criminal de candidatos contrarios al gobierno, mediante el engendro de conspiraciones contra líderes no sometidos al oficialismo.

Considerar estos antecedentes resulta imprescindible para entender la verdad de que la votación del 6 de diciembre pasado, además de la recarga autoritaria de Evo, fue sólo la culminación de la liquidación de la democracia en Bolivia.

LA BOLIVIA QUE VIENE... LA BOLIVIA QUE SE VA

Entrevista de Gonzalo Lema a Carlos Sánchez Berzaín. Mayo 2011

Gonzalo Lema[1]

11 de mayo, 2011

"La Bolivia que se va es la de una Constitución que divide en lugar de unir, que amenaza en lugar de proteger, que reglamenta en lugar de establecer principios, que está hecha para el abuso y no para las garantías, la cocalera. Esta Bolivia que no es Bolivia, a la que ya no quieren llamar Nación, dividida en 36 nacionalidades, que la han denominado Estado Plurinacional en lugar de Estado Nacional. Un país obligado a la confrontación interna e intervenido por un proyecto externo.....se va el Estado autoritario y cocalero creado por Morales que no es Bolivia porque no tiene libertad y simula democracia"

"La Bolivia que viene, viene después de una gravísima crisis, es el post-moralismo. Es una Bolivia en la que es vital construir unidad y consenso, acuerdos mínimos que le den fortaleza, progreso y seguridad a largo plazo; será urgente superar los elementos de confrontación que ha generado la crisis, reponer la democracia y el Estado de Derecho. La Bolivia que viene es moderna, mucho más parecida a los países exitosos de América Latina que a los fracasados y conflictivos. Esta es la Bolivia que le debemos a las próximas generaciones"

Carlos Sánchez Berzaín.

---

1. Gonzalo Lema, Bolivia, 1959, es escritor: *La huella es el olvido*, *La vida me duele sin vos*, *Contra nadie en la batalla*, *El mar*, *El Sol y MariSol* y la zaga policial *Santiago Blanco.*.

Introducción por Carlos Alberto Montaner
Miami, abril 2012

Carlos Sánchez Berzaín (1959) es un jurista y político boliviano, profesor de Derecho Internacional y Constitucional, que llegó exiliado a Miami hace casi una década, junto a su presidente, Gonzalo Sánchez de Lozada, democráticamente electo en el 2002. En octubre de 2003, de acuerdo con la entrevista que sigue a estas palabras, fueron derrocados por una maniobra política orquestada por Evo Morales auspiciado por Caracas y La Habana, con la complicidad de diversos grupos e individuos, entre ellos el propio Vice presidente Carlos Mesa.

La causa aparente de ese virtual golpe de Estado, legitimado por una interpretación laxa de la propia constitución del país, fue la represión policial a violentos desórdenes callejeros (no a protestas pacíficas) que incluían delitos muy serios como son la detención ilegal de personas y el bloqueo del suministro de energía a un par de ciudades, lo que ponía en peligro el funcionamiento de hospitales y el abastecimiento de comida.

Estos hechos, prolongados a lo largo de varias semanas, lamentablemente produjeron enfrentamientos armados con varias docenas de muertos en el altiplano boliviano. Evo Morales, y el vicepresidente Mesa le imputaron al gobierno la responsabilidad de esos sucesos, y éste, montado sobre una frágil coalición, se desmoronó.

Mesa, investido como Presidente tras este dramático episodio, no pudo completar el mandato constitucional de Sánchez de Lozada y renunció, también acosado por la violencia popular, recayendo el poder en manos de Eduardo Rodríguez, presidente del Tribunal Supremo. Finalmente, en enero del 2006, tras la destrucción o el debilitamiento de todas las fuerzas políticas, y en medio de una extendida fatiga nacional, el dirigente cocalero Evo Morales ganó las elecciones con un 54% de los votos y comenzó –dentro de la estrategia de los Castro y Hugo Chávez– el metódico desmantelamiento de la democracia que disfrutaban los bolivianos desde la restauración de las elecciones verdaderamente libres en 1982.

El gran interés que tiene la entrevista hecha por Gonzalo Lema a Carlos Sánchez Berzaín para el diario Los Tiempos de Cochabamba, estriba, precisamente, en la visión que muestra este político boliviano, diametralmente opuesta a la que sostiene Evo Morales en la misma serie de conversaciones con el periodista. Mientras Morales reivindica una Bolivia montada sobre la etnicidad y la división corporativa del país (una especie de fascismo primitivo prehispánico), Sánchez Berzaín defiende la coincidencia de todos los habitantes de la nación en el respeto a una misma ley que no hace distingos y no confiere privilegios.

Sánchez Berzaín cree en el patriotismo constitucional; Evo Morales en el patriotismo étnico. Sánchez Berzaín es un republicano que suscribe la existencia y protección de los derechos individuales como razón de ser básica de los Estados; Evo Morales supone que la sociedad debe subordinarse a los fines del Estado, entidad a la que corresponde dirigir minuciosamente la vida de los ciudadanos y establecer lo que debe hacer cada persona y cómo debe ser recompensada por ello. Para Sánchez Berzaín es obvio que el Estado debe vivir del esfuerzo de la sociedad. Para Evo Morales lo correcto es que la sociedad viva del Estado.

De alguna manera, el enfrentamiento ideológico entre estos dos hombres es el enfrentamiento entre la modernidad surgida de la Ilustración a fines del siglo XVIII y las concepciones estatistas que existían en el *ancien régime*, parecidas a las de las autocracias precolombinas existentes en el

Perú incaico y en el México de los aztecas.

La verdad es que la historia le da la razón a Sánchez Berzaín y se la quita a Evo Morales. Las treinta naciones más prósperas y estables del planeta, las más felices, se gobiernan de acuerdo con la cosmovisión y el ordenamiento jurídico del Estado de Derecho que Sánchez Berzaín postula para los bolivianos.

Pueden ser democracias presidencialistas, como Estados Unidos y Francia, o pueden ser monarquías parlamentarias como Inglaterra y Holanda, o repúblicas parlamentarias como Israel, pero esos gobiernos prósperos y en paz coinciden en tres elementos clave: la subordinación de todos al imperio de la ley, la división de poderes para garantizar la existencia de los derechos individuales, y un sistema económico basado en el mercado y en la existencia de productores privados.

Cuando fracase el estado étnico, autoritario y plurinacional impuesto por Evo Morales, variante ambigua del socialismo colectivista de inspiración castrista, algo que inevitablemente sucederá porque es tremendamente ineficaz, generador de injusticias y violador de los derechos individuales, los bolivianos se verán precipitados a redefinir sus metas y el modo de alcanzarlas. Cuando lleguen a ese punto, harán bien en recordar esta entrevista. Tal vez aquí está la base para entender qué ha sucedido en el pasado y para relanzar a Bolivia hacia un destino mucho mejor que el que ahora padece.

Pero no solo es útil para los bolivianos conocer este texto. Para quienes no lo son, y muy especialmente para los líderes y comunicadores que deben tomar decisiones, resulta una lectura fundamental, en la medida en que existe una enorme confusión sobre la naturaleza real del gobierno de Bolivia. Éste, si bien tuvo un origen democrático, desde hace años es una arbitraria autocracia colectivista, con ejecuciones extra-judiciales, presos políticos y exiliados, derrochadora y pésimamente manejada en el terreno económico, que desembocará en el desastre total. Es lo que Sánchez Berzaín anuncia y predica que sucederá con todas las naciones adscritas al delirante proyecto castro-chavista denominado "socialismo del siglo XXI".

Según los síntomas, tal vez no falte mucho para que llegue ese momento.

ENTREVISTA

El movimiento nacionalista revolucionario (mnr)

Gonzalo Lema (GL): En sus orígenes (los 40's), y debido a los postulados que reivindicaba, el Movimiento Nacionalista Revolucionario (MNR) tenía una base social campesina, proletaria y minera. Décadas más tarde (los 90's), bajo el liderazgo de Gonzalo Sánchez de Lozada, sus postulados eran tan distintos que su base social estaba en la clase media y empresariado. El MNR había "salido" del campo para asentarse en las ciudades. ¿Así comenzó su declive? Porque una revuelta popular lo desalojó (2003) del Palacio Quemado…

Carlos Sánchez Berzaín (CSB): Podemos resumir los postulados fundamentales del MNR –en todo tiempo– en "la liberación del pueblo boliviano a través de la alianza de clases, para la construcción de la Nación Boliviana y del Estado Nacional". En este propósito, el MNR siempre ha buscado transformar las situaciones de injusticia, crisis y desigualdad para que el pueblo boliviano conforme una nación de hombres y mujeres libres con igualdad de oportunidades.

En los orígenes del partido, en la década de 1940, la realidad objetiva del país (70% rural) hacía imperativa la incorporación del campesinado a los derechos políticos y ciudadanos y, por eso, la primera medida de la Revolución Nacional fue el VOTO UNI-VERSAL (liberación política). Era necesaria la incorporación del campesinado al derecho de propiedad como forma efectiva del ejercicio de la ciudadanía y, bajo el principio de "la tierra es para quien la trabaja", se estableció la REFORMA AGRARIA (liberación económica y social). Constituía un imperativo la preparación del ciudadano para la construcción de la Nación Boliviana y por eso se puso en marcha la REFORMA EDUC ATI VA (liberación integral), medida fundamental para que todos los niños y niñas de Bolivia se eduquen en las ciudades y en el campo, en valores y principios nacionales e iguales a los que antes no habían tenido acceso. Era necesaria la protección del trabajador y se impulsó la SEGURIDAD SOCIAL (liberación social). En el marco de la economía mundial de ese momento –y de la situación nacional– era necesario el fortalecimiento económico del Estado y se planteó y ejecutó la NACIONALIZACION DE LA MINAS. La primera etapa de la Revolución Nacional transformó positivamente el país y puso en marcha un proceso que, pese a los problemas e interrupciones, no se ha detenido hasta ahora.

Cuando el Dr. Víctor Paz Estenssoro asumió la presidencia en 1985, el mundo ya era otro, había cambiado y Bolivia también era otra, que además estaba sumida en la más grave hiperinflación y crisis económica de la historia. Frente a esta nueva realidad, el Presidente y Jefe del MNR puso en marcha la segunda etapa de la Revolución Nacional. El Presidente Paz Estenssoro resumió exactamente la situación de Bolivia cuando dijo: "LA PATRIA SE NOS MUERE". Las medidas fueron las necesarias y adecuadas, pero los postulados y objetivos no cambiaron. Nuevamente era necesario liberar al pueblo boliviano, esta vez de la crisis, de la hiperinflación y de la miseria que estas traen. Esta etapa del proceso de liberación se puso en marcha con la NUEVA POLITICA

ECONOMICA, con el tan atacado Decreto Supremo 21060 vigente hasta hoy y que garantiza lo poco de estabilidad y seriedad que le queda al país.

En el gobierno de Gonzalo Sánchez de Lozada (Goni) de 1993 a 1997, el MNR continuó con el proceso de la Revolución Nacional haciendo la REFORMA CONSTITUCIONAL, y puso en marcha medidas revolucionarias como LA PARTICIPACION POPULAR, LA CAPITALIZACION SOCIAL -con su efecto social inmediato el BONOSOL, LA NUEVA REFORMA EDUCATIVA Y LA REFORMA DEL SISTEMA DE PENSIONES, LA DESCENTRALIZACION, el sistema regulatorio y otras. Todas estas medidas son parte del ideario nacionalista y revolucionario fundado en la búsqueda de la liberación del pueblo boliviano. En este momento histórico se trabajaron nuevos avances del proceso de liberación social, política y económica del pueblo boliviano, sentando las bases a través de la captación de tecnología de punta e inversión económica masiva para el crecimiento y transformación de empresas estatales que estaban hundidas en la corrupción, la falta de inversión y la ausencia de tecnología. Mayor participación política, mejor distribución del gasto público, más autoridad en manos de la gente y en el lugar donde viven, educación respetando la unidad en la diversidad y tantos cambios positivos.

La mezquindad política creó la leyenda negra de la venta del país en torno a la capitalización, cuando, en realidad, con esta medida lo que se hizo fue atraer capitales, tecnología e insertar al país en la modernidad, de la que hoy está nuevamente ausente. La satanización de la capitalización estuvo dirigida por inter eses económicos de sectores –políticos y sindicales– que quedaron afectados al ser privados de fuentes de corrupción y de enriquecimiento ilícito en las empresas estatales y lograron confundir el sentimiento nacional, convenciendo a un sector importante de bolivianos de una venta que nunca existió, porque –como siempre hemos explicado– la capitalización fue "aumento de capital con preservación del patrimonio nacional en manos del pueblo boliviano".

Esta tercera etapa de la Revolución Nacional ha creado la base del gran momento económico del que ha disfrutado el primer gobierno de Evo Morales y que ya ha dilapidado. Morales ha tenido la suerte de cosechar lo que el gobierno del MNR sembró, per o ha destrozado el proyecto de liberación social y económico nacional… Se ha comido la gallina de los huevos de oro.

La etapa de la Revolución Nacional liderada por el Presidente Sánchez de Lozada se vio lamentablemente interrumpida el año 1997 porque, por errores en la conducción partidaria, no se pudieron llevar a buen fin las elecciones internas para tener un candidato presidencial salido de una decisión democrática de los militantes y simpatizantes del MNR. Había tres precandidatos movimientistas: Guillermo Bedregal, Juan Carlos Durán y Carlos Sánchez Berzaín. La campaña interna comenzó generando gran expectativa y, en pleno desarrollo de la misma, el Jefe del Partido impuso a René Blatman, un candidato extraño. El argumento fue que tenía mejor respaldo en las encuestas, pero el resultado fue desastroso. Seguimos pagando hasta ahora ese error, porque el partido se desmovilizó, se evitó la consolidación de nuevos líderes, el dedazo reemplazó a la democracia interna y lo más grave fue que perdimos unas elecciones que estaban prácticamente ganadas si hubiéramos abierto el MNR con las elecciones internas. Cualquiera de los candidatos que hubiera ganado la interna estaba en condiciones de ganar la elección nacional. Juan Carlos Durán, que terminó siendo el candidato de repuesto, no pudo ganar porque el partido se había desmovilizado y dividido y la gente había reducido su confianza. Todos fuimos responsables: Sánchez de Lozada por su decisión y nosotros, los dirigentes, porque de una u otra manera terminamos aceptándola.

Si el MNR hubiera continuado en el gobierno de 1997 a 2002, el beneficiado mayor hubiera sido el pueblo boliviano, pues la inversión social generada con la capitalización hubiera tenido continuidad, se habría podido desarrollar seriamente el tema de la exportación de gas, desarrollo humano y desarrollo sostenible para achicar las desigualdades (que cuando un país no tiene estabilidad no es que sean más, sino que se hacen más notorias y se convierten en un tema político central). Incluso luego de salir segundos en la elección de 1997 que ganó Hugo Bánzer, intentamos formar parte del gobierno de Bánzer, pero él no aceptó las condiciones programáticas mínimas que he descrito y, en su animosidad contra Sánchez de Lozada, pidió como condición para aceptar que se excluyera al Jefe del MNR de un eventual acuerdo.

Perdido el gobierno, las medidas de la tercera etapa de la Revolución Nacional fueron administradas de 1997 a 2002 al margen de criterios de política de Estado. Eran medidas inconclusas y en desarrollo y las deformaron, mutilaron, paralizaron y/o tergiversaron antes de que sean plenamente logradas. En unos casos se las frenó y distorsionó, como el caso de la capitalización social. En otros casos se las modificó o cambió de nombre, como el caso del Bonosol. La reforma educativa y la participación popular fueron inadecuadamente continuadas. Y así en cada caso.

Nuestra acción de oposición desde el Parlamento pudo evitar algunos daños extremos, pero no pudo contribuir a que se avanzara positivamente.

Respondiendo la segunda parte de esta pregunta, hay que explicar que lo que sucedió de

1952 a 1982 (de la Revolución Nacional a la recuperación de la democracia en Bolivia) y luego hasta fines del siglo XX, como muestra el Censo del año 2001, es que Bolivia se transformó de ser un país dos terceras partes rural a un país con más de 62% urbano, y similar proceso debió seguir el MNR.

El país se convirtió de rural en urbano, de mayoritariamente campesino en citadino, y el MNR hizo lo propio, aunque con mermas en apoyo de sectores que se sentían eventualmente afectados por medidas de nuestros gobiernos. Por ejemplo, perdimos apoyo minero sindical con la relocalización de 1985 sin la que el país no hubiera salido de la crisis económica, pero ganamos apoyo cooperativista; perdimos apoyo en zonas rurales de La Paz y crecimos en zonas rurales del Oriente. Sin embargo, si se revisan los resultados electorales, el MNR siempre mantuvo gran apoyo en las zonas rurales y por eso tuvimos el primer Vicepresidente indígena (indígena verdadero, no disfrazado) y una bancada parlamentaria con una importante presencia campesina, funcional y sectorial. El grave deterioro, no sólo para el MNR sino para todos los partidos, vino con y luego del derrocamiento del Presidente Sánchez de Lozada.

Lo que sucedió el 17 de Octubre de 2003 fue el derrocamiento del Presidente Constitucional Gonzalo Sánchez de Lozada y del gobierno del MNR-MIR-NFR y UCS. Fue la ruptura de la democracia como consecuencia de un proceso deliberadamente preparado y públicamente anunciado. Conspiración, sedición, traición, violencia deliberada, intervención externa, un gobierno débil, una coalición no articulada y un presidente extremadamente confiado en su legitimidad. Todo eso terminó no sólo con el gobierno sino con la democracia en Bolivia.

Llamar revuelta popular y desalojo del Palacio Quemado a los hechos del 2003 es una simplificación nacida del discurso oficial de los golpistas, que ahora están en el gobierno, que han destrozado la democracia y el Estado Nacional y están en proceso de liquidar la Nación Boliviana.

No debemos olvidar mínimamente:

1.- Que Evo Morales convocó públicamente a "derrocar a Sánchez de Lozada" el 6 de agosto de 2002 cuando éste último juraba como Presidente de Bolivia en el Congreso Nacional.

2.- Que en febrero de 2003 hubo un intento de asesinato y golpe de Estado contra el Presidente Sánchez de Lozada.

3.- Que, luego de derrocar al Presidente Sánchez de Lozada, lo primero que los "subversivos y traidores victoriosos" buscaron fue el amparo de una "amnistía" firmada por Mesa, y que amnistía quiere decir "perdón de delitos", y que no se perdona a los inocentes sino a quienes, firmando y beneficiándose de tal amnistía, han confesado públicamente sus crímenes.

4.- Que es Evo Morales el acusador en el denominado juicio de responsabilidades contra el Presidente Sánchez de Lozada, su equipo de gobierno y el Alto Mando Militar, y es el régimen de Morales el que impide el esclarecimiento de estos hechos, porque Morales, los coautores y sus cómplices deberían estar como acusados y no como acusadores o testigos.

5.- Que el gobierno actual impide esclarecer –entre otras cosas– el complot, la planificación subversiva, la presencia extranjera, los crímenes deliberados, el inicio de la violencia armada y el financiamiento del proceso desestabilizador y golpista.

6.- Que los partidos y dirigentes políticos, después del 17 de octubre de 2003, creyeron que cargando todos los males y responsabilidades a Sánchez de Lozada, al gabinete de Ministros y al Alto Mando Militar, ellos estaban a salvo, pero hoy ya han sido atrapados por la máquina represiva del gobierno de Morales y están enjuiciados, presos, perseguidos, exiliados o haciéndole el juego al gobierno para mantenerse en libertad y/o preservar sus negocios y patrimonio.

7.- Que lo que vive Bolivia desde el derrocamiento del 17 de octubre de 2003 ha sido un permanente y creciente proceso de coacción, amedrentamiento, persecución, enjuiciamientos, masacres, asesinatos, crímenes políticos encubiertos, violaciones a los derechos humanos, a las libertades individuales y de prensa, que han convertido al país en un Estado no democrático e intervenido.

2. **GL:** Algunos analistas indican que el nacionalismo revolucionario (NR) es una ideología con dos puertas: a la derecha y a la izquierda de las ideas políticas. El MNR ha transitado por ambas. Ha liderado la Revolución del 52 y ha participado de golpes de Estado, alguno de ellos contra un militar de izquierda (Torres, 1971). Este comportamiento pragmático ha dado lugar a una variedad sin límite de militantes. ¿No ha sido contraproducente la indefinición? ¿A quién representa ahora el MNR?

CSB: El nacionalismo revolucionario del MNR es una ideología que inicia la derrota y la desfiguración del concepto clásico de derechas e izquierdas, ya que frente a la "lucha de clases" del marxismo –a la que hacía juego la oligarquía– el MNR plantea la "ALIANZA DE CLASES". Frente a la confrontación, la Unidad del pueblo boliviano para lograr su liberación. Ante la necesidad de liberación, el dogma de derechas e izquierdas resulta una posición discursiva, una anécdota histórica para el MNR. Ahora, en el siglo XXI, la categoría de derechas e izquierdas ya no sirve, está superada y necesita cuanto menos urgente redefinición, pues, por ejemplo, si vemos que algunas de las democracias más sólidas de Sur América son Chile, Brasil y Uruguay, y han logrado gran desarrollo económico con gobiernos denominados de "izquierda" impulsando el libre mercado, la inversión externa, las libertades individuales, económicas y la institucionalidad, con un modelo económico que se denominaría "neo liberal", estamos hablando ya de otro concepto de izquierda, o mejor dicho, ya no podemos hablar de izquierda.

El gobernar y tomar decisiones, de acuerdo a la realidad nacional y mundial, fue calificado como el "pragmatismo" de Paz Estenssor o del MNR, pero en verdad es el realismo histórico, fundado en lo que el Jefe Vitalicio de mi partido denominaba "la realidad objetiva", en busca del cumplimiento de la meta que no ha cambiado, que –reitero– fue y sigue siendo "LA LIBERACION DEL PUEBLO BOLIVIANO Y LA CONSTRUCCION DEL ESTADO NACIONAL EN BASE A LA NACIÓN BOLIVIANA".

El MNR representa a un pueblo boliviano oprimido y sometido, a un pueblo al que la agenda política transnacional de Morales lo ha llevado –y lo quiere seguir llevando– a ser un pueblo confrontado y dividido. El MNR debe representar hoy la necesidad de unidad nacional frente a la política de división y confrontación racial, étnica, social, regional, gremial, generacional y de todo tipo que impone Morales para debilitar el espíritu nacional boliviano.

El MNR está en cada ciudadano libre que quiere cambio pero con respeto y con orden.

El MNR representa como siempre el ideal de Patria y de libertad y la propuesta es la unidad para que el pueblo boliviano lo recuerde y podamos recuperar la libertad y la democracia en Bolivia.

El MNR es la fortaleza de un proceso revolucionario que está interrumpido, infamado y deformado, pero que vive en el corazón de las bolivianas y bolivianos que quieren un futuro de libertad, progreso y seguridad para sus hijos. Hay un nuevo tiempo y un nuevo desafío en el difícil camino de la liberación del pueblo boliviano.

Las elecciones de 2002

GL: El año 2002, los resultados electorales demostraban que el MNR había caído en las preferencias ciudadanas (su victoria electoral era débil) y el Movimiento al Socialismo (MAS) emergía con inmenso apoyo. Parecía la fuerza de la historia. ¿Por qué, más bien, se impuso la lógica de gobernar a toda costa? ¿No se advirtió la animadversión de esa inmensa mayoría que no votó por Sánchez de Lozada? Inclusive sus "ocasionales" aliados políticos no le tenían simpatía...

CSB: En la elección del 2002 el MNR le ganó la elección al MAS, de forma que mal se puede decir que había "animadversión de una inmensa mayoría". En esta lógica –si todo el que no vota por ti está en tu contra– el MAS tenía mayor animadversión que el MNR al haber salido en segundo lugar. En las encuestas y en los resultados electorales Evo Morales tenía más negativos que Sánchez de Lozada. Lo que había en ese momento era un país en crisis, en una terrible crisis económica y con un alto nivel de desempleo que generaba un gran descontento social; era, además, un país con el Estado debilitado y sin autoridad, esa fue la herencia del gobierno de Bánzer y Jorge Quiroga.

Otro elemento de la elección del 2002 fue la división entre los partidos políticos en torno a liderazgos personales y no a ideas o programas. Si sumamos la votación del MNR con Sánchez de Lozada 22,46%, del NFR con Reyes Villa 20,91%, el MIR con Jaime Paz 16,31%, la UCS con Johnny Fernández 5,51%, tienes 65,49%, casi dos tercios del total de votos frente al MAS con el 20,94%. El MAS era una fracción del voto, sin apoyo alguno en muchas regiones y en estas condiciones no se puede hablar de inmenso apoyo. Si hubiera tenido inmenso apoyo nos hubiera ganado la elección.

En torno a la "animadversión"... Una elección es una competencia por el favor del voto popular y lo que había respecto a

Goni, en ese momento, era la natural confrontación electoral. Luego hicimos un gobierno de coalición que empezó con un gran diálogo nacional que no dio resultados por razones estrictamente económicas. No hubo dinero en el momento oportuno para poner en marcha el plan "obras con empleos", no hubo cooperación internacional, se necesitaban solo 150 millones de dólares, Estados Unidos no cumplió, y el equipo económico del gobierno no quiso aumentar el déficit fiscal para tener recursos. Todo lo contrario: el gabinete económico se empeñó en incrementar la recaudación en un momento de crisis.

El fracaso del diálogo nacional de agosto a diciembre de 2002 fue el triunfo de los conspiradores sobre los demócratas en la política nacional y de los economistas sobre los políticos en el gobierno, que abrieron la puerta –por la crisis económica– a que la convocatoria que hizo Morales el mismo 6 de agosto de 2002 para "derrocar a Goni", se encamine y finalmente tenga éxito.

El derrocamiento del presidente Sánchez de Lozada

GL: Si bien el presidente Sánchez de Lozada salió del Palacio Quemado debido a la revuelta popular, todavía hizo el intento de trasladar su gobierno a la ciudad de Santa Cruz. Es decir: Occidente me rechaza, pero Oriente me guarece. Si se concretaba esa decisión, el país se ponía al borde de una fractura. ¿"Cuánto" del MNR apoyaba esa iniciativa? ¿Cuáles eran los argumentos de quienes insistían en resistir a toda costa?

CSB: Necesitamos –nuevamente– una precisión histórica esencial: El presidente Sánchez de Lozada salió del país traicionado y derrocado como resultado de una conspiración y un golpe de Estado exitosos que lo forzaron a renunciar y salir exiliado.

El 17 de octubre de 2003 se rompe el orden democrático de Bolivia, como ya he explicado, aunque esta situación se revista de la formalidad de la renuncia que el propio Sánchez de Lozada, en su carta, pide que no sea aceptada. Leamos la carta llamada de "renuncia":

Honorables Congresales:

Bolivia está viviendo horas cruciales. La democracia está bajo el asedio de grupos corporativos, políticos y sindicales que no creen en ella y que la utilizan según su conveniencia. Todo esto configura un cuadro de sedición que, con el pretexto de la exportación del gas natural, ha violado la esencia de la democracia, que es el respeto al veredicto de las urnas para la elección de los gobernantes. Se ha utilizado esa bandera, rehusando el diálogo, para buscar mi renuncia, atribuyéndome no sólo la responsabilidad de los problemas actuales que confronta la República, sino también la falta de soluciones. Si así fuera, mi renuncia, que hoy pongo a consideración del Honorable Congreso Nacional, debería ser suficiente para la solución de los problemas nacionales. Aunque lo deseo fervorosamente, me temo que la solución no sea tan sencilla. Las causas profundas de esta crisis obligan a un razonamiento esencial, que las pasiones ahora desatadas no nos permiten alcanzar. El tiempo se encargará de hacerlo por nosotros, y a él me encomiendo en procura de un balance sereno y objetivo que las circunstancias nos niegan hoy. A los bolivianos nos ha costado mucha sangre y mucho dolor conquistar y sostener la democracia. Hoy sabemos que la democracia es un privilegio que hay que preservar para mantener la unidad de la Nación boliviana, con libertad y dignidad. El Presidente de la República es símbolo de esa unidad, en medio de la diversidad nacional, diversidad que debe ser fuente de orgullo y no de conflicto ni de violencia. Al poner mi renuncia a consideración del Honorable Congreso Nacional, lo hago con la íntima convicción de que la aceptación de la misma no corresponde ya que no se puede retirar a un Presidente elegido democráticamente, por mecanismos de presión y de violencia que están al margen de la ley. Este es un funesto precedente para la democracia boliviana y continental. El Congreso de acuerdo a la atribución contenida en el artículo 68 inciso 4to. de la Constitución Política del Estado debe decidir si la acepta o la rechaza. Si la acepta el Vicepresidente de la República deberá asumir la Presidencia y ejercerla hasta la finalización del período constitucional por mandato del artículo 93-II de la Carta Fundamental. Esta es una tarea que el Congreso debe encarar con la responsabilidad que exige la hora presente. Pero es mi deber advertir que los peligros que se ciernen sobre la Patria siguen intactos: la desintegración nacional, el autoritarismo corporativista y sindical y la violencia fratricida. Estos peligros se asientan en la circunstancia histórica en que los fundamentos de la democracia han sido puestos en cuestión. Quiera Dios que algún día no tengamos que arrepentirnos de todo esto. Honorables Congresales: He servido a Bolivia con entrega y dedicación sin límites. Esa es la más grande recompensa que haya podido alcanzar a lo largo de mi vida. Agradezco a Dios por ese privilegio y le pido desde lo más profundo de mi corazón que ilumine y bendiga a todas las bolivianas y bolivianos.

Gonzalo Sánchez de Lozada
Presidente Constitucional de la República

Respecto al supuesto intento de trasladar el gobierno a Santa Cruz, esa idea nunca existió y ni siquiera se consideró. El Presidente Constitucional fue forzado en el derrocamiento pensando en la unidad nacional y en la situación del país. El derrocamiento se había producido y no había carta de renuncia, entonces el Presidente recibió todo tipo de presiones y cedió a firmar una carta sólo para evitar la suspensión de la ayuda internacional a Bolivia, cuando el Embajador de USA, otros funcionarios internacionales, senadores y diputados lo presionaron y explicaron que sin la carta toda la cooperación sería quitada de inmediato. Aunque yo nunca estuve de acuerdo con que el Presidente firme la carta de renuncia, intervine en modificar el texto de la misma. La carta fue corregida y firmada en el aeropuerto de Santa Cruz y pedía QUE NO SEA ACEPTADA.

Esta carta es un documento que demuestra la existencia de vicio del consentimiento y es por lo tanto nula. Fue firmada por el Presidente contra su voluntad y por presiones extremas deliberadamente creadas para someter a él y a su gobierno. Además de demostrar en sí misma la violencia ejercida para obtenerla, esta carta ha servido– para disfrazar de "renuncia" un "golpe de Estado". Al firmarla bajo presión irresistible pudo más el patriotismo del Goni que su propia seguridad política.

La traición de Carlos Mesa

GL: El "paso al costado" del gabinete (y quizás del gobierno) dado por el Vicepresidente Carlos Mesa, con anterioridad a los sucesos de octubre, terminaron salvando la sucesión presidencial institucionalizada de nuestra democracia. Al cabo de ocho años, ¿cómo juzgas lo sucedido?

¿Fue un acierto de Carlos Mesa?

CSB: El denominado "paso al costado" de Carlos Mesa fue solamente TRAICIÓN, que es una falta alevosa e infame a la lealtad y a la confianza. Mesa quería ser presidente a toda costa. Al empezar la campaña del 2002 me había pedido –y llegó a decirle a Goni– que él (Mesa) debería ser el candidato a la presidencia. Para ser candidato a la Vice Presidencia puso condiciones onerosas, en los hechos vendió su ingreso a la candidatura, al punto que el mismo día de la proclamación de candidatos, Mesa seguía negociando condiciones económicas y espacios de poder. Cometí el error de jugarme por Mesa, cedimos a sus imposiciones y terminamos pagando el precio.

En enero de 2003, fracasado el Diálogo Nacional, Mesa me propuso el proyecto de "sustitución ordenada de Goni" porque lo veía muy "cansado". Discutimos y le pedí que nos ayude a fortalecer el gobierno y de inmediato informé al Presidente Sánchez de Lozada; se generaron reuniones, Mesa se negó, reiteró su lealtad al Presidente y éste le ratificó su confianza, alegando en privado que no podía despedir al Vice Presidente; el resultado fue una intensa campaña indirecta, mediática y política de Mesa contra mi persona, bajo la consigna encubierta de que: "para bajar a Goni había que bajar primero a Sánchez Berzaín"

Mesa quería a toda costa ser Presidente de la República y, como le dije en privado y en público en reiteradas oportunidades, tenía tiempo para lograrlo, y yo creo que lo hubiera hecho sin necesidad de ser un traidor y liquidar el proyecto de país con el que terminó por su ambición política y económica.

El anuncio del paso al costado fue un acto de traición a Bolivia, al Presidente y al gobierno. Sólo fue el acto de mostrar sus cartas en una baraja que venía jugando, al principio en secreto y luego abiertamente.

Mesa conocía todo lo que estaba pasando, lo había aprobado y autorizado porque participó de todas las reuniones en las que se tomaron decisiones y además todas las decisiones eran legales. Hasta su declaración del paso al costado, Mesa se empeñaba en estar informado, propositivo, apoyando e interesado en la solución de los conflictos. Eso frente al Presidente. Por el contrario, era el que pedía –en privado– acciones y decisiones que denominaba más enérgicas.

Mesa tenía toda la información del gobierno, pero el Presidente, para proteger la imagen de Mesa, había limitado su exposición pública con los temas del conflicto, y Mesa, con su imagen intacta, usó la información para llevar adelante la traición informando y pactando con Evo Morales y los operadores del derrocamiento.

Prueba de la traición es la denominada "agenda de Octubre", primer acto de gobierno de Carlos Mesa, que establece "amnistía para los golpistas, juicio a Sánchez de Lozada y sus colaboradores, y asamblea constituyente", a lo que agregó "gobierno sin partidos". Prueba escrita y pública de la traición son los dos decretos de amnistía: el DS No. 27234 de 31 de octubre de 2003 y el DS. No. 27237 de 4 de Noviembre de 2003. En estos decretos, Carlos Diego Mesa como Presidente se perdona a sí mismo y per dona a sus operadores y socios de los delitos que cometieron para llevarlo a la presidencia.

El decreto supremo 27234, en su parte considerativa, dice: "Que la Constitución Política del Estado en el numeral 13 del Artículo 96 establece como atribución del Presidente de la República decretar amnistías por delitos contra la seguridad del Estado; por lo que los delitos contra la seguridad del estado acontecidos en las últimas protestas sociales, son delitos catalogados como políticos… que según la doctrina penal, el delito político no se define por criterios objetivos sino subjetivos, que tienen que ver con los móviles que determinan la acción que se encuadra en un tipo penal determinado… que los hechos ocurridos en el mes de Octubre, formalmente pueden ser interpretados como delitos de tipo penal en la Ley del Sistema Nacional de Seguridad Ciudadana, pero considerando sus características y antecedentes en cuanto al móvil que impulsó estas acciones, resulta evidente que los mismos no respondían al deseo de cometer un delito de orden penal…

Los delitos contenidos en la Ley del Sistema Nacional de Seguridad Ciudadana y objeto de amnistía son: instigación pública a delinquir; evasión; fabricación, comercio o tenencia de sustancias explosivas, asfixiantes, etc.; atentado contra la seguridad de los medios de transporte; atentados contra la seguridad de los servicios públicos; lesiones gravísimas; lesiones graves y leves; lesión seguida de muer te; robo; robo agravado; y extorsión. Tipos delictivos justificados en la amnistía de Mesa porque él decreta que "no respondían al deseo de cometer un delito de orden penal…(¡!)"

Finalmente, no olvidemos que la amnistía se dictó sólo para los sediciosos mientras se ponía en marcha la persecución y enjuiciamiento de quienes, formando parte del gobierno, defendieron el orden público, la democracia y el Estado de Derecho.

Medidas de transformación histórica del MNR

GL: EL MNR ya no está en el gobierno. Con el paso del tiempo se puede advertir que la Participación Popular (1994) fue una medida revolucionaria, igual que el Bono Solidaridad (BONOSOL, 1997), que, en los hechos, es una renta de vejez para los campesinos. ¿Qué medida revolucionaria se quedó sin ejecutar? Aunque el último gobierno (2002-3) parecía simplemente preocupado de corregir la marcha de la capitalización…

CSB: Aclaremos que el Bonosol no es una renta de vejez de los campesinos, es una renta de vejez de todos los bolivianos de la tercera edad, incluidos los que tienen jubilación, pues proviene del propio dinero del pueblo boliviano fruto de la capitalización. Ya hemos recordado que la Bolivia del año 2001 es más urbana que rural. Lamentablemente el Bonosol, además de cambiarle el nombre a Bono Solidario, ha sido desvirtuado y no es sostenible en el tiempo porque lo han vuelto una dádiva estatal que se acabará junto con los otros bonos cuando el Estado no tenga recursos para pagar, y eso ya está muy cerca.

Lo primero que había que hacer en la gestión que comenzó en agosto de 2002 era superar la crisis económica creando empleo. Por el derrocamiento del 17 de octubre de 2003 quedó sin ejecutar la urgente generación de empleo para superar la crisis; así se evitó fundamentalmente un gran impulso al desarrollo rural con sistemas de riego, equipamiento, incremento de producción destinada al mercado interno y a la exportación, electrificación rural; era y es necesario convertir al campesino en ciudadano productivo y de clase media. Conexiones de gas natural domiciliario para todos los hogares bolivianos, construcción masiva de vivienda social, caminos como la construcción carretera Víctor Paz Estenssoro, asfaltada de Cobija a Tarija, la doble ruta este-oeste y otras, que hasta hoy el país necesita y no se han hecho.

En lo estratégico era el tiempo de avanzar con medidas sociales como el SUMI (Segur o Universal Materno Infantil) para institucionalizarlas y hacerlas sostenibles en el tiempo; la reforma educativa necesita atención para poner a nuestros niños en el manejo de la tecnología y darle una educación que los haga competitivos en el mundo actual; salud y educación, como estrategia de disminución de la desigualdad. En lo político debíamos profundizar la Participación Popular, afrontar una nueva reforma constitucional preservando la democracia y el Estado de Derecho. En lo económico buscar asegurar a Bolivia una economía sólida, por medio del establecimiento de mercados a largo plazo para el gas y el incremento de la producción; la liberación económica para perpetuar y multiplicar los ingresos por exportaciones de gas, que con el derrocamiento de 2003 y medidas posteriores no ha sido posible.

GL: Al pueblo boliviano, casi en su conjunto, no le gusta que se privaticen nuestros recursos naturales ni nuestras empresas estatales. El MNR lo hizo (1993-97) y, quizás, fue la causa de su caída. ¿Qué beneficios nos trajo la capitalización de Yacimientos (YPFB)? O, en su caso, ¿la capitalización del Lloyd Aéreo Boliviano (LAB)?

¿O la venta de la empresa nacional de ferrocarriles (ENFE)? Esa "epidemia" de capitalizaciones en América Latina pareció tan sólo algo del momento, pues ahora luce fuera de moda en todo el contexto...

CSB: Los recursos naturales nunca se privatizaron. Los recursos naturales se mantuvieron y se mantienen de propiedad del Estado (es el régimen constitucional creado por el MNR desde iniciada la Revolución Nacional). Solamente se mejoró el régimen de concesiones (que ya existía) con un moderno sistema regulatorio creando las superintendencias.

El proceso de capitalización tampoco fue una venta. Debemos recordar que se establecía el valor de la empresa nacional, y los interesados en capitalizarla debían ofrecer un valor que se invertía en la misma empresa, quedando el valor de la empresa nacional como acciones en propiedad del pueblo boliviano. Preservación de patrimonio con incorporación de capital, tecnología y administración privada para atacar la corrupción. El Estado cedió sus acciones al pueblo de Bolivia que recibía las utilidades por medio del Bonosol; esas acciones eran administradas en un Fondo de Capitalización. La capitalización es técnicamente un aumento de capital con ingreso de nuevo socio y contrato de administración. Por razones políticas ya explicadas, satanizaron la capitalización y hoy Bolivia ha retornado al estatismo, sin capital, sin tecnología de punta, con menos producción y con mucha corrupción.

Los beneficios del proceso de capitalización han sido dilapidados por Evo Morales y su gobierno.

La capitalización del LAB fue la más crítica, por la batalla política que sus dirigentes sindicales generaron con intereses mezquinos y sin visión para preservar su fuente de trabajo. Esta empresa fue liquidada por decisión y presión política del gobierno actual para desprestigiar el proceso de capitalización. El LAB estaba volando más aviones y más rutas, incluso a Europa, cuando –nuevamente– con juicios y acusaciones digitadas desde el gobierno sacaron del país a su principal ejecutivo. Hoy han creado BOA y están tratando de repetir lo que hicieron al LAB con Aerosur (enjuiciar ejecutivos privados de empresas para quebrarlas o quedarse con la empresa).

La capitalización de ENFE se hizo en dos empresas: la Red Oriental y la Red Occidental; la Red Oriental funcionó sin problemas porque no tiene en su ruta la competencia de una carretera asfaltada como si la tiene la Red Occidental, que quedó –por razón de la carretera– reducida a ser transportadora de minerales en un momento en que, por los precios internacionales, no se podía exportar minerales de Bolivia. Con una carretera asfaltada que cubre los mismos tramos y destinos que la Red Occidental, no hay manera que, sin subvenciones, funcione el transporte ferroviario de pasajeros e incluso de carga no minera; por ejemplo, es más barato y rápido traer un container o un vehículo de Arica en camión que en tren, y es más barato y rápido viajar en bus de Cochabamba a Oruro, a La Paz o a Arica que en tren o ferrobús; esto afectó a poblaciones intermedias y se produjo el natural descontento por corte de tramos y servicios no rentables, situación que fue sindical y políticamente aprovechada en el proceso de satanización de la capitalización. Además, en el caso de ENFE, lo que manchó este proceso fue la corrupción en la ENFE residual, o sea la parte de ENFE que no se capitalizó; esto fue lo desastroso por lo que ejecutivos y responsables de esa gestión fueron procesados y encarcelados.

Estatizaciones de Evo Morales y la venta de gas

GL: En el proceso inverso a las capitalizaciones están las nacionalizaciones, como las que viene practicando el presidente Evo Morales, casi siempre los 1ro. de mayo. Desde la distancia (física, y de oposición política), ¿cómo crees que prospera esa medida? ¿Vamos a seguir explorando en busca de gas como con las empresas extranjeras? ¿Cuál debería ser una buena solución para el pueblo y el Estado?

CSB: Nacionalizar no es lo mismo que estatizar y lo que ha hecho Morales son estatizaciones no nacionalizaciones. No se puede nacionalizar lo nacional, puedes estatizar lo privado y esto último es lo que hace Morales a medias.

Las denominadas nacionalizaciones de Evo son sólo "estatizaciones", ya que las empresas capitalizadas nunca dejaron de ser nacionales, eran empresas bolivianas, sus registros y operaciones eran en Bolivia, el 50% de sus acciones pertenecían a los bolivianos, debían cotizar en la bolsa boliviana, estaban sujetas a las leyes bolivianas, generaban empleo e impuestos en Bolivia, seguían siendo empresas bandera bolivianas, pero no eran administradas por el gobierno de turno y no formaban ya parte del botín político y sindical. La estatización de Morales solamente le ha quitado al pueblo boliviano sus acciones para regresarlas al gobierno, le ha robado al ciudadano boliviano su fondo de pensiones y ha expropiado participaciones de socios extranjeros sometiendo al país a demandas millonarias, destrozando la credibilidad de Bolivia en materia de inversión o pagando precios extraordinarios y a veces de negociado para retornar a la corrupción política en beneficio solo del gobierno de Morales. Las seudo nacionalizaciones de Morales son estatismo y centralismo puros y no es lo mismo que ser nacionalista.

El tema del gas está casi ter minado para Bolivia. Estamos fuera de mercado y fuera de tiempo. Se ha perdido el momento histórico para que seamos una potencia gasífera. Esto ha sucedido precisamente por el derrocamiento de octubre de 2003, los enfoques estatistas y los actos y decisiones demagógicas de Evo y su gobierno.

Bolivia tendría que estar exportando gas a México y California y, como este fue el pretexto para el golpe de estado de 17 de octubre de 2003, liquidaron el proyecto. El Perú se ha puesto por delante de Bolivia en la producción y exportación de gas. Bolivia ha bajado su producción por falta de exploración y disminución de explotación, como resultado de la falta de inversión y de confianza producto de las estatizaciones de Morales.

Deberíamos estar vendiendo más gas al Brasil y el año 2004 debió haberse construido un segundo gasoducto de más capacidad (más ancho) a ese país. Han logrado todo lo contrario: la producción actual apenas alcanza para cumplir con Brasil y hemos reducido los volúmenes a la Argentina. Brasil y Argentina han encontrado grandes campos gasíferos que están desarrollando. Bolivia no tiene ni el capital ni la tecnología para el desarrollo intensivo de este recurso. Chile no quiere el gas boliviano y Bolivia tampoco quiere venderle. Hay incluso escasez de gas en Bolivia, el tendido de redes domiciliarias de gas natural –que ya deberían cubrir todo el territorio nacional– está muy atrasado.

Más pronto que tarde Bolivia deberá volver por el camino del realismo y, en la mejor forma posible, buscar capital y tecnología. Cuanto más tardemos, más atrás y más pobres nos iremos quedando.

La coca y el narcotrafico

GL: El presidente Evo Morales debe intentar pasar a la historia dando solución definitiva al problema de la hoja de coca. Ya se sabe que el excedente se vuelve cocaína. Al mismo tiempo, se afirma que su consumo diario y constante es medicinal, pero es posible tener dudas. ¿Qué se debe hacer al respecto? ¿Cuál es tu experiencia? Porque también en el gobierno de Sánchez de Lozada se tuvo coca excedentaria y mucho narcotráfico…

CSB: Evo Morales sigue siendo el líder nacional de los cultivadores de coca ilegal. Ellos lo han llevado al poder y lo sostienen allí y eso tiene un costo político que es el incremento del cultivo de la coca ilegal que sólo tiene como destino la producción de droga. El incremento de la producción de la droga que proviene de la coca en Bolivia, es parte de las necesidades políticas del gobierno de Evo Morales. Lo demás son sofismas.

De acuerdo a ley y a las convenciones internacionales, en Bolivia han quedado sólo dos clases de cultivos de coca:

1. Los cultivos legales, ubicados básicamente en los Yungas de La Paz, con una extensión máxima de 12.000 hectáreas, destinados al consumo tradicional, medicinal, legal.

2. Los cultivos ilegales ubicados en el trópico de Cochabamba, denominación genérica de Chapare, que el año 2003 estaban en –más o menos– 3.000 hectáreas (se habían reducido en 10 años casi en 15 veces). Esta coca está solamente destinada al crimen del narcotráfico.

La pregunta es si Bolivia es ya un narcoestado o… ¿cuánto le falta? Para responder esta cuestión hay que cumplir las leyes y los convenios internacionales. Pero esto es precisamente lo que Evo Morales no puede hacer, porque pierde el respaldo político y la movilización de los cocaleros ilegales, y aún peor: empezaría a tener conflictos sociales y confrontaciones en las que él mismo ha participado, promovido y dirigido en el pasado. La razón por la que hoy los cocaleros de Chapare no son un problema para el gobierno es porque son el gobierno; con respaldo estatal, hacen lo que quieren, no cumplen la ley, incrementan los cultivos y han terminado de integrar el círculo de la producción de droga, porque ahora, casi la totalidad de la pasta base de cocaína se produce en el mismo lugar de producción de la coca ilegal y la producción del clorhidrato de cocaína casi íntegramente en Bolivia.

La diferencia con nuestros gobiernos es que el MNR llegaba al poder con el apoyo de sectores sociales con los que cumplía políticamente con medidas de gobierno legales y gobernamos para todos los bolivianos. Nuestra contribución a la reducción de la coca ilegal fue fundamental y de este hecho nace la confrontación con Evo Morales y la animadversión incluso personal y amenazas hasta de muerte que él ha expresado públicamente contra mi persona. En la lucha contra el narcotráfico implementamos el mejor sistema posible con cooperación internacional, que Evo ha roto a nombre de una soberanía cocalera pero no nacional.

La lucha contra el narcotráfico era, hasta el 17 de octubre de 2003, una política de ESTADO, luego pasó a ser una política de gobierno y, más tarde, una política de un grupo de sindicatos productores de coca ilegal que terminaron con toda la cooperación internacional en la lucha real contra el narcotráfico. La producción de coca y de cocaína se ha incrementado en este gobierno y lamentablemente el consumo interno también. De ahí surge la cuestión regional y mundial cada vez más persistente de que si Bolivia es un narco Estado o está en proceso de convertirse en un narco Estado, gobernada como está –por decir lo menos– por los cultivadores de la coca ilegal. El presente y futuro de país en este tema son muy peligrosos.

Evo Morales y el socialismo del Siglo XXI

GL: La población boliviana en general empieza a especular sobre la posible candidatura del presidente Morales el año 2014. Aunque aún falta mucho tiempo, ya es posible advertir que el eje de la discusión está en la confrontación de dos conceptos: legalidad versus legitimidad. El movimiento popular boliviano (indígenas, proletarios, mineros, cocaleros), mientras tanto, se preocupa porque todo el "proceso de cambio" descansa en las espaldas de su líder. ¿Cuál es tu opinión al respecto? ¿Qué crees que sucederá?

CSB: Morales y su gobierno no son un proyecto político boliviano. Son par te del socialismo del siglo XXI llamado también proyecto bolivariano o grupo del Alba (Alianza Bolivariana para las Américas) nacido de la unión entre Caracas y La Habana, que recreó, a principios de este siglo, el foquismo castrista de la década de los sesenta y lo convirtió en foquismo electoral, reemplazando la lucha armada eventualmente por el manejo de elecciones. Como resultado de la alianza entre Caracas y La Habana, Castro tuvo ingresos de dinero y petróleo que lo salvaron de la agonía económica que sufría a fines de los noventa y Hugo Chávez obtuvo seguridad, el proyecto político y la experiencia (*know how*), de la dictadura más antigua y duradera del hemisferio para permanecer en el poder.

Los demócratas latinoamericanos tardamos mucho en percibir este proyecto transnacional, neo-imperialista y autoritario. Hoy, aún muchos políticos, sindicalistas, empresarios, académicos y ciudadanos no ven la verdadera naturaleza de un poder político regional que controla dictatorialmente Cuba y que, destrozando las democracias, está llevando en ese camino a Venezuela, Bolivia, Ecuador y Nicaragua; que intentó, y sigue intentando, tomar Honduras.

El socialismo del siglo XXI tiene gran influencia –vía acuerdos políticos de provisión de petróleo venezolano– en otros países como los que conforman Petrocaribe, lo que les ha dado mayoría de votos a nivel regional y les permite un manejo político casi discrecional de la Organización de Estados Americanos (OEA) entre otros organismos.

Una característica esencial de esta franquicia política del siglo XXI es que viene disfrazada de democracia, con mucho dinero para la acción y movilización políticas, con presentación populista y discurso de pretender terminar con la exclusión, la pobreza, el racismo, o cualquier otro elemento que se aplique a la realidad del país donde operan. Su discurso fundamental (anti capitalista, anti imperialista y anti norteamericano) se disfraza de democracia hasta que toman el poder. Sus slogans y símbolos siguen siendo castristas: ¡Patria o muerte…venceremos!; ¡Hasta la victoria siempre!; su símbolo es el Che Guevara, su centro de peregrinación La Habana; no tienen adversarios políticos, señalan enemigos. Se presentan con banderas contra la pobreza y lo que hacen es aumentarla.

Sus políticas estatistas y centralistas sólo buscan la concentración total del poder y la permanencia indefinida en el mismo, a través de reformas constitucionales, bajo un modelo contratado a pseudo académicos de una universidad española que han diseñado las Constituciones de Venezuela, Bolivia y Ecuador y con las que han articulado hasta un doctorado de Derecho Constitucional en La Habana.

Entre los medios de acción que usan se encuentran: la campaña de desprestigio del sistema de partidos políticos buscando su eliminación, la creación o aprovechamiento de crisis, y la exacerbación de tensiones y confrontaciones internas o externas, como Morales ha hecho en Bolivia siguiendo al pie de la letra esta agenda.

En el camino al poder trabajan por el desprestigio de la democracia, las instituciones y los líderes sociales, empresariales, políticos y regionales. Obtenido el poder, desatan la persecución de políticos, periodistas, empresarios, dirigentes sindicales, líder es cívicos y de toda persona que disienta o tenga proyección. El objeto es amedrentar a la ciudadanía con el terror y mandar la señal al ciudadano común de que estará bien si no se mete con el gobierno o no entra en política; nada es posible contra el presidente –cocalero en el caso de Bolivia– que está concentrando todo el poder y dando los últimos toques a un sistema de partido único. Con discursos nacionalizadores se apoderan de empresas, medios de comunicación y recursos, con el fin de cortar libertades económicas, de expresión y financiamiento a iniciativas democráticas; los instrumentos utilizados incluyen, entre otros, la politización de la justicia para perseguir y anular a los opositores creando delitos y procesos en manos de una justicia propia y/o servil, criminalizando la actividad política e incluso la de la prensa libre.

Estos países, controlados por el proyecto venezolano-cubano, mantienen presos políticos, perseguidos y exiliados. Confiscan y realizan agresiones contra medios de comunicación y atentan contra la libertad de prensa; violan sistemáticamente los derechos humanos y desconocen el derecho de propiedad en nombre de una revolución que pretenden sea permanente pese a su fracaso humano, económico, social y político.

El proceso incluye una nueva categoría de ricos, miembros del poder político y los amigos del poder, con recursos venezolanos, de la corrupción y de otros delitos que se realizan con auspicio de ese poder. Están formando su propia burguesía (boliburguesía en Venezuela) y se ponen en evidencia por la pobreza del país y la ostentación de los nuevos bienes y lujos de que disfrutan los actores, sus familias, amigos y allegados. Están creando mayor desigualdad, ya que los auto denominados r evolucionarios del siglo XXI acceden a recursos inalcanzables para los ciudadanos comunes. Incremento de la corrupción, crisis económica, menos empleo, costo de vida más caro y niveles alarmantes de inseguridad. El narcotráfico termina por enseñorearse convirtiendo –en diverso grado– a los Estados en cuasi fallidos. Estos países han retrocedido –gracias a este proceso– entre 30 y 40 años en sus avances democráticos, sociales, institucionales y económicos. Lamentablemente, el país cocalero de Morales es uno de estos Estados que, aplicando la misma receta, están obteniendo incluso más rápidos resultados de desastre.

En Bolivia han logrado aprobar ilegal y violentamente la constitución de Evo Morales y él podrá intentar reelegirse las veces que quiera, porque puede reformar el texto constitucional con una ley ordinaria a través de un Poder legislativo que le pertenece y a cuyos miembros ha quitado incluso la inmunidad de gestión parlamentaria. No existe posibilidad de ningún control de constitucionalidad porque se ha apoderado también del Poder Judicial, incluyendo el Tribunal Constitucional. Además ha aprobado sus leyes represivas para todo, empezando por los políticos, pasando por los periodistas y ter minando en los dirigentes sindicales que creyeron que lo llevaban al poder.

Morales ha creado su propia legalidad que no es legítima ni es lícita, pues nace de la violación sistemática y reiterada de la Constitución Política del Estado Boliviano y de su suplantación. Ha quebrado toda la institucionalidad democrática de Bolivia y la ha reemplazado con leyes espurias para ejercer el poder total. La constitución de Morales es constitucionalmente NULA y la recuperación de la democracia en Bolivia pasa por dejarla sin efecto, por terminar con esta seudo legalidad (que han disfrazado de Estado Plurinacional y otras falacias), por revertir la quiebra institucional y extinguir la formalización (no institucionalización) de mecanismos para violar la libertad y los derechos fundamentales.

El problema que tiene Morales para reelegirse no es legal, ni siquiera de votos, porque también controla el sistema electoral y de registro ciudadano y puede hacer el fraude que quiera. Su problema son los resultados de su gobierno, la crisis económica a la que ha llevado al país –y que será cada vez más grave–; la crisis de seguridad ciudadana vinculada al crecimiento del narcotráfico de cuyos promotores, interesados y responsables es par te, protector y líder nacional; la crisis de expectativas no cumplidas y el propio laberinto que ha creado; los precios, la pobreza y la desigualdad que, en lugar de disminuir, están aumentando. Morales sabe esto y lo sabe tanto que ahora está jugando la carta de la reivindicación marítima para tratar de recuperar apoyo popular.

El desprestigio de Morales en el ámbito internacional es creciente porque el mundo ha empezado a ver quién es y qué hace. Guardando diferencias, "Morales pudo ser Mandela y prefirió ser Mugabe". Pudo haber sido un líder nacional y prefirió destruir la Nación y ser un tirano.

No hay democracia en Bolivia: persecucion, presos y exilio politico

GL: La lucha contra la corrupción se ha visto mezclada, desde un principio, con la lucha política. Algo falla en la Ley como también en la administración de justicia. Parte de la oposición se halla fuera del país. Pero esas no son novedades para los bolivianos. Debido a estos motivos, ¿el MNR seguirá presentándose en las elecciones nacionales con candidatos sin predicamento alguno? ¿Cómo piensan superar los riesgos actuales y presentar una candidatura alternativa?

CSB: El problema del gobierno de Morales en el tema de la lucha contra la corrupción lo podemos sintetizar en tres aspectos:

1. El gobierno de Evo Morales tiene más corrupción que ningún otro.

2. Morales ha convertido la lucha contra la corrupción en un instrumento de represión política contra sus adversarios, líder es cívicos, empresarios, sindicalistas, periodistas, militares ciudadanos e incluso militantes propios que quiera castigar o eliminar.

3. Morales controla todo el sistema de fiscales y de jueces según su interés, ha criminalizado la política y ha judicializado la represión, de manera que la llamada lucha contra la corrupción de este gobierno es, en sí misma, el acto más grande de corrupción y de violación de los derechos humanos.

Parte de la oposición son hoy presos políticos en Bolivia, otros están enjuiciados y perseguidos; hay líderes políticos, cívicos, empresariales, jueces, sindicalistas y ciudadanos que están fuera del país perseguidos y exiliados porque en Bolivia su vida corre peligro y además no tienen manera de defenderse porque no hay presunción de inocencia, no hay debido proceso, no hay jueces imparciales, no hay garantía alguna, y en general los acusan los autores de los crímenes que se pretenden juzgar. Bolivia tiene EXILIO POLITICO y el exilio se produce por PERSECUCION POLITICA, y esto sí que es una novedad en la democracia boliviana recuperada el año

1982, aunque no en la historia nacional.

La novedad es más grave aún y consiste en que Bolivia ha dejado de ser una democracia y tiene un gobierno que llegó al poder por elecciones pero que es autoritario y no democrático, porque con sus actos no cumple hoy con los elementos esenciales de la democracia enunciados por el Art. 3 de la Carta Democrática Interamericana de la OEA, que, además de tratado internacional vigente, es ley en Bolivia.

El Art. 3 de la Carta Democrática Inter-americana establece que: "Son elementos esenciales de la democracia representativa, entre otros, el respeto a los derechos humanos y las libertades fundamentales; el acceso al poder y su ejercicio con sujeción al estado de derecho; la celebración de elecciones periódicas, libres, justas y basadas en el sufragio universal y secreto como expresión de la soberanía del pueblo; el régimen plural de partidos y organizaciones políticas; y la separación e independencia de los poderes públicos".

Un elemento esencial es aquello que constituye la naturaleza de la cosa, lo que es permanente e invariable a ella, lo más importante, algo de lo que depende la existencia misma de la cosa, en este caso la democracia. De manera que a falta de cualquiera de los cuatro elementos transcritos, la democracia ya no es tal, ya no existe.

Aplicando el Art. 3 de la Carta Democrática Interamericana al Estado Plurinacional de Morales, vemos que:

1. No existe respeto a los derechos humanos y a las libertades fundamentales; que se ha creado una propia "formalidad de leyes" (no de derecho) violatorio de los derechos fundamentales de diferentes grupos de personas, sectores y regiones;

2. Que los organismos electorales están controlados y copados por el gobierno y ya no son independientes;

3. Que el sistema de partidos políticos ha sido destrozado y sus dirigentes detenidos, enjuiciados y/o exiliados, cuando no subordinados al gobierno que busca consolidar un sistema de partido único, el MAS;

4. Que la separación e independencia de poderes ya no existe porque Morales controla el Poder Legislativo, y enjuició, destitu-

yó, amedrentó, obligó a renunciar a los miembros del Tribunal Constitucional y de la Corte Suprema de Justicia para nombrar –desde el Poder Ejecutivo– a los suyos y controlar el Poder Judicial, con el que persigue y criminaliza a quien quiere. Ahora amaña una elección de magistrados prosiguiendo con la creación de su propia legalidad.

En este escenario de un país sin democracia, las elecciones son un sainete, una simulación en la que los partidos y todos los sectores que defienden la libertad en Bolivia deben buscar la conformación de un frente unido, un proyecto de unidad nacional para la recuperación de la democracia y la restitución del Estado de Derecho.

Hay una sola acción política que el MNR debe tratar de liderar o en la que debe participar y es este proyecto de unidad nacional para recuperar la democracia. Hay que construir una sola candidatura contra el autoritarismo y restituir la democracia. Esta es una tarea similar a la de fines de los 70 contra las dictaduras militares, pero más difícil porque el autoritarismo de hoy está disfrazado de democracia. El actual eje de la contradicción histórica en Bolivia está entre la perpetuación del autoritarismo y la reposición de la libertad y la democracia.

La Bolivia que se va y la Bolivia que viene

GL: Los bolivianos aspiramos a despegar económicamente, a formar parte de una nueva gama de países que armonicen el mercado capitalista y lo mejor del socialismo, a conformar una sociedad democrática, a desarrollar el ámbito rural… ¿Cuál es, a tu juicio, la Bolivia que viviremos los próximos diez años?

CSB: La Bolivia del corto plazo es una Bolivia en crisis. Ya está en crisis. Hay crisis de democracia, hay crisis de libertad, hay crisis económica, hay crisis de seguridad, hay crisis de empleo, hay crisis de confianza, corrupción, intervención extranjera... y recién está empezando. Hoy, en Bolivia, hay poca gente que está ganando mucho dinero, hay auge de la construcción, de importaciones y de contrabando. Hay aparente crecimiento, obras, pero en la otra cara es una Bolivia con desempleo, con alza del costo de vida, con disminución del valor adquisitivo y del ingreso, con mayores desigualdades sociales y económicas, con crecimiento del narcotráfico a través del incremento de la producción y del consumo de droga. Hay un gobierno que ve aumentar su déficit fiscal y que debe continuar subvencionando los carburantes; que ha establecido una importante cantidad de bonos que técnicamente no tiene con qué pagar. Las exportaciones legales muestran incremento de precios, no de volumen ni de diversificación, hemos vuelto a ser un país fundamentalmente minero y exportador de materia prima. No hay inversión extranjera seria. Hay un conjunto de nuevos socios como Cuba, Venezuela, Irán y otros que, si tuvieran el capital suficiente, no tienen la tecnología necesaria.

Pero el tema no es sólo la economía. Lo social y lo político es más grave. La sociedad boliviana está confrontada y tiene crecientes rencores en esa división. Morales no sólo ha logrado actualizar la lucha de clases, ha promovido y sostiene con éxito la lucha étnica y racial, la confrontación regional, el enfrentamiento generacional, sectorial y hasta funcional. Hay sectores privilegiados –como los cocaleros de la coca ilegal– y sectores marginados –como el magisterio–, por ejemplo. Existen regiones oficialistas como El Alto y el Chapare y regiones sometidas por la fuerza como los departamentos del oriente boliviano, el Chaco y regiones de los valles.

Reitero que Bolivia es hoy un país con presos políticos, con perseguidos políticos, con exiliados políticos. Con gente sometida y acallada que, como diría Pedro Domingo Murillo, vive una suerte de destierro en el seno mismo de su Patria.

Antes de que Morales concluya este periodo para el que se ha reelegido, Bolivia estará sintiendo severamente los efectos de la crisis, agravada por el ejercicio totalitario del poder.

GL: ¿Cuál dirías tú que es la Bolivia que se va y la Bolivia que viene?

CSB: La Bolivia que se quiere denominar neoliberal y de la democracia pactada, que era la Bolivia de la recuperación y la construcción de democracia y estabilidad económica, ya se fue. Se acabó el 2005 luego de agonizar desde el 17 de octubre de 2003 fecha del derrocamiento del Presidente Sánchez de Lozada.

La Bolivia que se va es la de una Constitución que divide en lugar de unir, que amenaza en lugar de proteger, que reglamenta en lugar de establecer principios, que está hecha para el abuso y no para las garantías, la cocalera. Esta Bolivia que no es Bolivia, que ya no la quieren llamar Nación, dividida en 36 nacionalidades, que la han denominado Estado Plurinacional en lugar de Estado Nacional. Un país obligado a la confrontación interna e intervenido por un proyecto externo.

El que se va es el Estado autoritario y cocalero creado por Morales que no es Bolivia porque no tiene libertad y simula democracia. Se va la Bolivia sometida a un proyecto político y a un experimento económico que nunca quiso y que no merecía. Se va el país que vive y avanza en una crisis total, una crisis de Estado, de gobierno y de identidad. Puede que tarde un poco, pero es la que se va porque no es históricamente posible ni viable, es antinacional y antihistórica. Se va el intento de un país a contramano de la historia, de un proyecto inviable.

La Bolivia que viene, viene después de una gravísima crisis, es el post-moralismo. Es una Bolivia en la que es vital construir unidad y consenso, acuerdos mínimos que le den fortaleza, progreso y seguridad a largo plazo; es urgente superar los elementos de confrontación que ha generado la crisis, reponer la democracia y el Estado de Derecho.

La Bolivia que viene es moderna, mucho más parecida a los países exitosos de América Latina que a los fracasados y conflictivos. Esta es la Bolivia que le debemos a las próximas generaciones.

TERMINAR CON LA CONSTITUCIÓN Y CON LA REPÚBLICA DE BOLIVIA

Terminar con la Constitución
y con la República de Bolivia[2]

La suplantación constitucional

Con Evo Morales en el poder, el objetivo fijado por los interventores externos en Bolivia fue el de terminar con la institucionalidad democrática y sustituirla por un sistema propio que mantenga la apariencia de democracia. Para esto el modelo a seguir era el de Venezuela, pues Chávez había realizado avances importantes en el desmantelamiento institucional de su país.

El principal escollo era la Constitución Política del Estado de la República de Bolivia. Aplicando la "agenda de octubre" Carlos Mesa llevó adelante una inconstitucional reforma de la Constitución que promulgó el 20 de Febrero de 2004 incluyendo como mecanismo de deliberación y de gobierno del pueblo a la Asamblea Constituyente, la iniciativa ciudadana y el *referendum*. Creó la unidad de Coordinación para la Asamblea Constituyente (UCAC) que sentó las bases organizativas para la convocatoria que se haría el año 2006.

Mesa promulgó las reformas constitucionales declarando que estas "permitirán convocar a una asamblea constituyente que abra camino a un nuevo pacto social para salvar a la democracia", agregando que "las 15 reformas introducidas a la Carta Fundamental son parte de la transición histórica iniciada con la cruenta revuelta popular de octubre y que debe concluir con la profunda transformación del Estado"[3].

Lo que la denominada reforma constitucional del año 2004 en verdad hizo, fue introducir el mecanismo para terminar con

2. Capítulo tercero del libro del Dr. Carlos Sánchez Berzaín *La dictadura del Siglo XXI en Bolivia*, Fondo Editorial del IID, 2013.
3. AP. Bolivia. La Paz. Febrero 20.2004

la Constitución al insertar sin competencia alguna la "reforma total de la constitución" por el mecanismo de la asamblea constituyente que no existía en la Carta Fundamental de la República. La nueva institución que es en si misma una suplantación quedó redactada así:

Artículo 232° La Reforma total de la Constitución Política del Estado es potestad privativa de la Asamblea Constituyente, que será convocada por Ley Especial de convocatoria, la misma que señalará las formas y modalidades de elección de los constituyentes, será sancionada por dos tercios de voto de los miembros presentes del H. Congreso Nacional y no podrá ser vetada por el Presidente de la República."[4]

Ni este texto de la reforma constitucional de Mesa, ni ningún otro podía cambiar el Art. 230 de la Constitución vigente, pues en la Constitución de la República de Bolivia solo era posible la reforma parcial y no existía manera legal de introducir el concepto y procedimiento de reforma total. La Constitución suplantada establecía claramente:

"Parte Cuarta Primacía y reforma de la Constitución
Título primero Primacía de la Constitución.

Artículo 228°.
La Constitución política del Estado es la ley suprema del ordenamiento jurídico nacional. Los tribunales, jueces y autoridades la aplicarán con preferencia a las leyes, y estas con preferencia a cualesquiera otras resoluciones.

---

4. Bolivia. Ley 2631 de 20 de Febrero de 2004.

Artículo 229°.

Los principios, garantías y derechos reconocidos por esta Constitución no pueden ser alterados por las leyes que regulen su ejercicio ni necesitan de reglamentación previa para su cumplimiento.

Artículo 230°.

Esta Constitución puede ser parcialmente reformada, previa declaración de la necesidad de reforma, la que se determinará con precisión en una ley ordinaria aprobada por dos tercios de los miembros presentes en cada una de las Cámaras.

1.- *Esta ley puede ser iniciada en cualquiera de las Cámaras en la forma establecida por esta Constitución.*
2.- *La ley declaratoria de la reforma será enviada al Ejecutivo para su promulgación, sin que Éste pueda vetarla.*
3.- *La Ley Declaratoria de la Reforma será enviada al Ejecutivo para su promulgación, sin que éste pueda vetarla.*

Artículo 231°.

1.- *En las primeras Sesiones de la Legislatura de un nuevo periodo constitucional se considerará el asunto por la Cámara que proyectó la reforma y, si Ésta fuere aprobada por dos tercios de votos, se pasaran a la otra para su revisión, la que también requerirá dos tercios.*
2.- *Los demás trámites serán los mismos que la Constitución señala para relaciones entre las dos Cámaras.*

Artículo 232°.

1. *Las cámaras deliberarán y votarán la reforma ajustándola a las disposiciones que determinen la ley de declaratoria de aquella.*

2.- La reforma sancionada pasará al Poder Ejecutivo para su promulgación, sin que el Presidente de la República pueda observarla"[5]

Artículo 233.

Cuando la enmienda sea relativa al período constitucional del Presidente de la República, será cumplida sólo en el siguiente período.

Suplantar significa falsificar un escrito con palabras o claúsulas que alteren el sentido que antes tenía, y eso es exactamente lo realizado en la Constitución de Bolivia, en el gobierno de Carlos Mesa.

Si el lector revisa el texto constitucional trascrito que corresponde a Constitución reformada en 1994, encontrará que EN NINGUNA PARTE SE PERMITÍA LA REFORMA TOTAL DE LA CONSTITUCIÓN. Que en la Constitución Política de la República de Bolivia NO EXISTÍA LA POSIBILIDAD DE REFORMA TOTAL DE LA CONSTITUCIÓN Y TAMPOCO EXISTÍA LA ASAMBLEA CONSTITUYENTE.

Sobre esta base ilegal es que se lleva adelante la Asamblea Constituyente que fue convocada por Evo Morales por ley de 6 de marzo de 2006, estableciendo que la elección de 255 constituyentes se realizaría el 2 de Julio de 2006 y que la instalación de la asamblea constituyente sería el 6 de agosto de 2006.

3.2. La manipulación de la asamblea constituyente

La Asamblea Constituyente se instaló el 6 de agosto de 2006, bajo la premisa señalada en el Artículo 3 de su ley de convocatoria de que "es independiente y ejerce la soberanía del pueblo, no depen-

5. Bolivia. Constitución Política del Estado. Constitución de 1967 con reformas 1994. Agosto12. 1994

de ni está sometida a los poderes constituidos y tiene como única finalidad la reforma total de la Constitución Política el Estado". Su sede se fijó en Sucre la Capital Constitucional de Bolivia.

El artículo 24 de la Ley de Convocatoria establecía que "La Asamblea Constituyente tendrá un período de sesiones continuo e ininterrumpido no menor de seis meses ni mayor a un año calendario a partir de su instalación". El Artículo 25 de la misma norma establecía que "la Asamblea Constituyente aprobará el texto de la nueva constitución con *dos tercios de votos de los miembros presentes de la asamblea*, en concordancia con lo establecido por el Título II de la Parte IV de la actual Constitución Política del Estado".

Se dispuso también en el artículo 26 de la ley de convocatoria a la Asamblea Constituyente que "concluida la misión de la Asamblea Constituyente, el Poder ejecutivo convocará a *referendum* constituyente, en un plazo no mayor a ciento veinte días a partir de la convocatoria. En dicho *referendum* el pueblo boliviano refrendará por mayoría absoluta de votos, el proyecto de la nueva constitución en su totalidad, *propuesto por la asamblea constituyente*"

La revisión de estas normas en las que la asamblea constituyente fundaba su organización y funcionamiento nos indican sus características fundamentales y determinan el ámbito de su competencia:

- La constituyente debía ser independiente y no estar sometida a los poderes constituidos
- La sede, o sea el lugar donde debía sesionar era Sucre la Capital de la República.
- Su duración era de seis meses como mínimo y un año calendario como máximo

- Aprobación del nuevo texto constitucional debía producirse por dos tercios de votos de los miembros presentes, lo que ya era en si mismo una trampa pues la votación requerida en la Constitución era de dos tercios de votos *del total de miembros*[6]
- El proyecto de nueva constitución debería ser propuesto por la asamblea constituyente y votado por mayoría absoluta de votos en un *referendum*.

Si analizamos lo que sucedió, en torno a este marco de competencia, que fijaba la naturaleza de las asambleas constituyentes, el lugar de funciones, el límite de tiempo para ejercer sus funciones, los votos necesarios y la necesidad de que la asamblea constituyente sea la que proponga la nueva constitución, veremos que todo lo actuado por Evo Morales desde el Poder Ejecutivo para tener a toda costa una nueva constitución fue una cadena de ilegalidades y vicios. Además de la suplantación constitucional para incorporar la reforma total de la Constitución y la posibilidad de convocar a constituyente introducidas por Carlos Mesa, esta suplantación nos demuestra la total invalidez de lo que terminó siendo la constitución de Evo Morales.

Lo que aconteció en la realidad fue:

- Evo Morales buscó controlar la asamblea constituyente de principio a fin, incluso llegando a movilizar grupos violentos de campesinos, mineros y los denominados movimientos sociales sostenidos por su gobierno,

---

6. Bolivia, Constitución Política del Estado 1994. Art. 231. I. Mesa había modificado esta garantía por ley 2631 de 20 de feberro de 2004 con su reforma resultado de la denominada agenda de octubre.

produciendo confrontaciones con víctimas fatales, como medio de presión sobre los asambleístas y la ciudadanía.

- Cumplido el año de funciones de la asamblea constituyente, ésta no había aprobado norma alguna y por mandato de su propia ley de convocatoria que fijaba su trabajo con determinación de tiempo, había cesado en su competencia. Después de un año de funciones la asamblea constituyente simplemente no existía más y sus miembros no tenía ninguna potestad para continuar sesionando y menos aprobar norma alguna. Sin embargo, el 3 de Julio de 2007 la propia asamblea constituyente decidió prorrogar hasta el 14 de diciembre su vigencia al no haber aprobado un solo artículo de la nueva constitución[7], y enviar al Congreso Nacional esta resolución. El Congreso aprobó el 3 de agosto de 2007 la denominada Ley ampliatoria de la asamblea constituyente, prolongando sus sesiones hasta el 14 de diciembre de 2007 y estableciendo —entre otras modificaciones— que los artículos que no alcancen los dos tercios de los votos presentes pasarán a consideración del pueblo, estableciendo un mecanismo adicional para burlar el requisito de los dos tercios de votos en las decisiones, determinando la convocatoria a *referendum* dirimitorio. De esta manera se introdujo un vicio más en el proceso.

- El proceso político de la constituyente digitado por Evo Morales produjo enfrentamientos violentos en la ciudad de Sucre, inicialmente atribuidos al tema de la capitalidad, donde la directiva de la asamblea constituyente

____

7. http://www.elcomercio.com/noticias/Asamblea-Constituyente-Bolivia-pro-rroga-diciembre_0_148785376.html

controlada por Morales, avasallando su reglamento de debates trasladó el 23 de noviembre de 2007 las sesiones de la asamblea constituyente a un cuartel, al Liceo Militar Teniente Edmundo Andrade en la zona de la Glorieta a cinco kilómetros de la ciudad. Estos hechos produjeron la denominada "masacre de la Kalancha"con resultado de varios muertos y decenas de heridos como resultado de las acciones violentas de las fuerzas del gobierno[8]. Ante la situación de rechazo y confrontación social producida en Sucre, Evo Morales recurriendo a un cerco al Palacio Legislativo con campesinos, por medio de su partido el MAS y con ausencia de los parlamentarios de la oposición, sancionó la noche del 27 de noviembre de 2007 una norma facultando a la directiva de la Asamblea Constituyente a convocar sesiones en cualquier punto del país[9]. De esta manera la asamblea fue trasladada a la ciudad de Oruro donde desde la noche del sábado 8 de diciembre de 2007 el oficialismo inició la aprobación de su constitución "con el debate reducido al mínimo, con una lectura de corrido y sin leer a detalle cada artículo.....el cambio sorpresivo y violento de la sede para la plenaria que el miércoles 5 había sido fijada en Lauca ñ, obedeció a una estrategia del MAS para desmovilizar a la oposición reveló anoche un asambleísta masista", reportaba la prensa[10]

- La prensa boliviana daba cuenta de que "a dos días de cumplirse el plazo para la entrega del texto constitucional,

---

8. Mérida Isael. Y quieres volver? Evolución de un gobierno. Registros de prensa. 2009 Cochabamba. Bolivia. Pags. 310, 312, 313.

9. La Razón. Bolivia. La Paz 28 de noviembre de 2007

10. La Razón. Bolivia. La Paz 9 de diciembre de 2007

un grupo de 15 asambleístas del oficialismo, define en reemplazo de la plenaria, modificaciones de fondo, forma y estilo al documento aprobado en detallle en Oruro"[11]

- Así redactado el proyecto de nueva constitución la Asamblea Constituyente llegó al 14 de diciembre de 2007 —fecha de su ilegal prórroga de competencia— con un proyecto de texto constitucional.

- El 28 de febrero de 2008, Evo Morales en acuerdo cerrado con Jorge Quiroga Ramírez y Samuel Doria Medina jefes de los dos partidos de oposición con mayor representación parlamentaria en el Congreso, promulga la ley 3837, ajustando a su conveniencia —nuevamente— el procedimiento de la constituyente y el del inventado referendum dirimidor[12]

- Por ley de 3941 de 21 de octubre de 2008, Evo Morales plasma el acuerdo político con Jorge Quiroga y Samuel Doria Medina para interpretar el artículo 232 de la Constitución Política del Estado, determinando que:

Artículo 1°. (Marco Constitucional) De conformidad con lo establecido en el Artículo 233 de la Constitución Política del Estado, se interpreta el Artículo 232 de la Ley Fundamental.

Artículo 2°. (Interpretación) En aplicación de la Institucionalidad Republicana, el principio de Soberanía Popular, el Estado Social y Democrático de Derecho, determinados en los Artículos 1, 2 y 4 de la Constitución Política del Estado, estableciéndose que es Facultad del Honorable Congreso Nacional contribuir al proceso constituyente y realizar los ajustes necesarios al texto constitucio-

11. La Razón. Bolivia. La Paz 13 de diciembre de 2007

12. GALINDO, Eudoro. El Legado Maligno. 2da Edición Septiembre 2012. Cochabamba. Bolivia. Pag. 451.

nal aprobado por la Asamblea Constituyente, sobre la base de la voluntad popular y el interés nacional, por ley especial de Congreso, aprobada por dos tercios de votos de sus miembros presentes, se interpreta los alcances del Artículo 232 constitucional, en los términos siguientes:

Artículo 232.

La reforma total de la Constitución Política del Estado es potestad privativa de la Asamblea Constituyente, que será convocada por Ley Especial de Convocatoria, la misma que señalará las formas y modalidades de elección de los constituyentes, será sancionada por dos tercios de votos de los miembros presentes del H. Congreso Nacional y no podrá ser vetada por el Presidente de la República.

Concluido el proceso constituyente y recibida la propuesta constitucional, para ser sometida a consideración del pueblo soberano, el H. Congreso Nacional podrá realizar los ajustes necesarios sobre la base de la voluntad popular y del interés nacional, por ley especial de Congreso, aprobada por dos tercios de votos de sus miembros presentes.

Los ajustes no podrán afectar la esencia de la voluntad del constituyente.

De esta manera terminaron también con la supremacía de la Constitución, que implica que el Poder Legislativo, que es el representante del pueblo, está limitado por la Constitución y debe ajustar su acción a las prescripciones de ella[13].

Así se produjo, en y por el Congreso la modificación y cambio del texto que ya viciado de nulidad (por la pérdida de competencia, inexistencia de 2/3 de votos, cambio de sede), había aprobado la Asamblea Constituyente.

---

13. Lousteau, Guillermo. Democracia y Control de Constitucionalidad. 2da Edición. Fondo Editorial IID. Miami 2009. p.19

Si la Asamblea Constituyente había actuado sin competencia, el Congreso lo hizo usurpando funciones, pues para ejecutar el acuerdo político entre Evo Morales y Jorge Quiroga Ramírez, se auto otorgaron —por la ley 3941— facultades constituyentes al poder legislativo ordinario que terminó siendo el redactor del texto de la nueva constitución. Luego se sabría que Quiroga y Morales habían conformado una "comisión secreta" incluso a espaldas de sus propias bancadas parlamentarias, donde se redactó la constitución y que para cuestiones como la reelección del presidente habían llegado a acuerdos que contaron con la observación y garantía de los representantes de la Organización de Estados Americanos[14].

El referendum constitucional se llevó a cabo el domingo 25 de enero de 2009 y se terminó aprobando el texto de lo que es hoy la constitución política del Estado Plurinacional de Bolivia, "en un proceso electoral que ratificó una marcada división en el país, los bolivianos aprobaron con el 58,7% de respaldo el proyecto de Nueva Constitución Política del Estado que el gobierno del presidente Evo Morales identificó como piedra fundamental para dar continuidad a su proyecto político. El otro 41,3% de los electores que participó en el referendum constitucional rechazó la aprobación del texto"[15]

Referéndum Constitucional de Bolivia del 25 de enero de 2009[51]		
Sí o No	Votos	Porcentaje
SÍ	2.064.417	61.43%
No	1.296.175	38.57%
Votos validos	3.360.592	95.70%
Votos nulos o en blanco	151.107	4.31%
Total	3.511.699	100.00%
Participación	90.24%	

14. OEA. Carta de Kevin Casas a Jorge Quiroga. SAP/OE-502/13. 6 de junio 2013

15. La Razón. Bolivia. La Paz. 26 de enero 2009

La Corte Nacional Electoral informó que los resultados finales otorgaron 61,43% al SI de aprobación a la propuesta de nueva constitución frente al 38.57% obtenidos por el NO.

El resultado por departamentos, dejó un país dividido. De los nueve departamentos de Bolivia, en cinco resultó ganador el SÍ y en cuatro ganó el NO. Los departamentos de la Paz, Oruro, Potosí, Cochabamba, y Chuquisaca presentaron resultados favorables al SI, en cambio, Santa Cruz, Tarija, Beni y Pando votaron por el NO. La diferencia a favor del SÍ en Chuquisaca fue solo del 1,54%.

El cuadro oficial muestra como la nueva constitución fue aprobada por los departamentos del occidente de Bolivia y rechazada por los de oriente y sur del país.

Pese a lo estrecho de las cifras y a la división del país que los resultados muestran, en un referéndum destinado a aprobar una constitución para todos los bolivianos, la cuestión del fraude y la manipulación electoral de parte del gobierno a favor de su proceso constituyente es una cuestión adicional a tomar en cuenta. El día de la votación por ejemplo, el presidente de la Corte Nacional Electoral, José Luis Exeni, rechazó que la tinta utilizada para marcar el índice derecho sea de mala calidad y que se borre fácilmente, pero pruebas realizadas en vivo por periodistas de la televisora Unitel mostraron que ésta desaparecía con facilidad[16]. Las denuncias de fraude no fueron siquiera procesadas y el gobierno apresuró los resultados finales para poder promulgar su constitución.[17]

El proceso de lo que se terminó por llamar la constitución del Estado Plurinacional de Bolivia es un verdadero *iter criminis*, esto es un auténtico camino del delito que se desarrolla desde el momento en que se ideó hasta el momento en que se consumó.

16. www.adnradio.cl Enero 25 de 2009.
17. Bolivia. CNE. Datos 15 de febrero 2009.
18. Bolivia. Corte Nacional Electoral. Informe 4 febrero 2009.

Referéndum Nacional Constituyente 25 de enero 2009 [55]				
Departamento	A favor (SI)	Porcentaje	En contra (NO)	Porcentaje
Chuquisaca	92, 069	51.54%	86, 555	48.46%
La Paz	885, 513	78.12%	248, 053	21.88%
Cochabamba	401, 837	64.91%	217, 269	35.09%
Oruro	128, 911	73.68%	46, 061	26.32%
Potosí	190, 517	80.07%	47, 420	19.93%
Tarija	63, 754	43.34%	83, 359	56.66%
Santa Cruz	256, 578	34.75%	481, 744	65.25%
Beni	34, 233	32.67%	70, 556	67.33%
Pando	10, 403	40.96%	14, 995	59.04%

Hasta la convocatoria de la asamblea constituyente hemos observado y descrito los actos conspirativos, preparatorios y propositivos. Con el derrocamiento del gobierno constitucional en octubre de 2003, con la suplantación de la Constitución Política del año 2004 mal llamada reforma de Carlos D Mesa que introdujo ilegalmente la reforma total o posibilidad de convocatoria a constituyente y referendum, con la convocatoria a la constituyente, con la reunión de la asamblea constituyente y su manejo, hasta el referendum de aprobación de la "nueva constitución" se desarrollaron los actos ejecutivos de este proceso delictivo.

La cantidad, naturaleza, continuidad y alcance de las violaciones constitucionales y legales cometidas para llegar la constitución de Evo Morales se pueden describir como un *iter criminis*.

El delito es sin duda el de la liquidación del orden constitucional, de la democracia, del Estado de Derecho y de la misma República de Bolivia.

3.3. Una constitución para la dictadura

El día de la promulgación de la nueva constitución, la prensa de Bolivia reflejaba este hecho expresando que "en medio de un ambiente político polarizado por la oposición de cuatro departamentos (Santa Cruz, Beni, Pando y Tarija) a la nueva Constitución Política del Estado (CPE) ésta será promulgada hoy, en la ciudad de El Alto, por el presidente Evo Morales. La nueva norma obtuvo el apoyo del 61.43 por ciento de los votantes en el referéndum del 25 de enero y se estima que su absoluta aplicación demore 10 años."[19].

Incluso quienes estaban a favor del proceso de la nueva constitución se mostraban críticos, por ejemplo el analista Paúl Coca Suárez —citado por la prensa— afirmaba que lo ideal hubiese sido que la nueva Carta Magna haya sido aprobada con el 70 por ciento de los votos en el referéndum constituyente, lo cual hubiera significado un respaldo social importante al texto constitucional. Según Coca, la razón del resultado se debe a la extrema polarización que vive el país y que se confirma en las urnas cuando cuatro departamentos (La Paz, Cochabamba, Oruro y Potosí) aprueban el proyecto de CPE, pero otros cuatro (Santa Cruz, Beni, Pando y Tarija) lo rechazan. "El mejor ejemplo de polarización es Chuquisaca, donde hasta el último momento no se supo quién ganó debido a que la ciudad vota el No mientras que el campo por el Sí.[20]

"¿Juran respetar y hacer respetar la nueva Constitución Política del Estado?", preguntó el presidente Evo Morales. Decenas de miles de personas con la mano izquierda en alto y la derecha en el corazón —el símbolo del socialismo que propugnan— respondieron "Sí, juro". "En este día histórico proclamo promulgada la nueva constitución política del Estado boliviano, la vigencia del estado plurinacional unitario, social y, económicamente, el socialismo comunitario", dijo Morales luego de firmar la nueva Carta Magna. Campesinos, indígenas, movimientos sociales, funcionarios públicos, militares, policías y decenas de periodistas se con-

19. El Diario. La Paz. Bolivia, 7 de febrero 2009
20. Bolivia. FMBolivia. www.fmbolivia.com.bo 7 de febrero 2009

gregaron en El Alto, una ciudad cercana a La Paz y que está a 4.000 metros de altitud, para presenciar un acto que fue calificado de "histórico" [21]

Además de alentar y buscar beneficios políticos de la división del pueblo boliviano, Morales y su gobierno no tuvieron ningún problema (por el contrario fue parte de la señal política que enviaban) en manifestar públicamente la naturaleza ideológica del documento constitucional impuesto a los bolivianos. Bolivia quedó convertida ese sábado en un Estado plurinacional, a partir de la promulgación de su nueva Constitución, en una jornada que Evo Morales consideró "histórica" y que señaló como "de inicio del socialismo comunitario".

"En este día histórico proclamo la nueva Constitución política del Estado, del Estado plurinacional boliviano, del inicio del socialismo comunitario a partir de la nueva Constitución", afirmó exultante Morales, en un encendido discurso que brindó en la ciudad de El Alto, vecina a La Paz y bastión del oficialismo[22].

Se juró con simbología socialista, Morales personalmente proclamó el "socialismo comunitario", ratificando su alineamiento al proyecto recreado y promovido por la dictadura castrista con el dinero venezolano. De esta manera, desde la promulgación de la constitución de Evo Morales, esta carta se presentó como el instrumento para ejercer el control total sobre el país, lo que con el avance del tiempo se confirmaría. Se estaba poniendo en vigencia una constitución para la dictadura.

El preámbulo de la nueva carta fundamental es una manifestación inequívoca y expresa de su propósito de confrontación y una declaración de proyecto político anti democrático. Mezclados con verdaderos pasajes de la historia dignos de reivindicar,

---

21. BBC Mundo.com http://news.bbc.co.uk/hi/spanish/latin_america/newsid_7877000/7877041.stm
22. Telam. 8 de febrero 2009

contiene además una confesión de las acciones de alzamiento, sedición y conspiración como la guerra del agua y el derrocamiento de octubre, que queda inscrito en la nueva constitución como "guerra de octubre", cuando expresa en su segundo párrafo:

"El pueblo boliviano, de composición plural, desde la profundidad de la historia, inspirado en las luchas del pasado, en la sublevación indígena anticolonial, en la independencia, en las luchas populares de liberación, en las marchas indígenas, sociales y sindicales, en las guerras del agua y de octubre, en las luchas por la tierra y territorio, y con la memoria de nuestros mártires, construimos un nuevo Estado".

La misma introducción anuncia también la liquidación de la República de Bolivia, cuando expresa: "Dejamos en el pasado el Estado colonial, republicano y neoliberal"[23].

Evo Morales proclama en su constitución que está terminando con la República. La República se entiende como la organización del Estado cuya máxima autoridad es elegida por los ciudadanos o por el Parlamento para un periodo determinado[24]. La nueva constitución impuesta a los bolivianos desecha la República de Bolivia y deja de ser un "estado republicano".

República "en sentido amplio es un sistema político fundado en el imperio de la ley y en la igualdad ante la ley como forma de frenar los eventuales abusos de las personas que tienen mayor poder, del gobierno y de las mayorías, con el objeto de proteger los derechos fundamentales y las libertades civiles de los ciudadanos y de los que no puede sustraerse nunca un gobierno legítimo"[25].

Un gobierno legítimo solo es posible en el marco de una república, porque es en este contexto en el que se garantiza la pro-

23. Bolivia. Nueva Constitución Política del Estado. Gaceta Oficial del Estado Plurinacional de Bolivia. La Paz 07 de febrero de 2009.
24. Real Academia Española de la Lengua. Edición 2001.
25. Wikipedia Enciclopedia.org

tección del ciudadano frente al poder, incluso al poder de las mayorías, ya que ni por mayoría se pueden desconocer los derechos fundamentales.

Para entender la gravedad y los alcances de que Bolivia dejó de ser una república por declaración expresa de los autores de la nueva constitución en detrimento de los derechos de los bolivianos, vale la pena revisar los elementos comunes del concepto "República":

- La periodicidad en los cargos; no es posible el ejercicio del poder de manera indefinida, ni siquiera con el artificio de la reelección;
- La publicidad de los actos de gobierno, no es posible el secreto de Estado;
- La responsabilidad de políticos y funcionarios públicos;
- La separación y control entre los poderes;
- La soberanía de la ley;
- El ejercicio de la ciudadanía;
- La práctica del respeto, y no la intolerancia con las ideas opuestas, la garantía del derecho de disentir;
- La igualdad ante la ley;
- La idoneidad como condición de acceso a los cargos públicos.

Si recordamos el proceso por el que se llega a esta constitución con la liquidación y el desconocimiento deliberado de la república para reemplazarlo por el de estado plurinacional, podemos entender la razón por la cual el nuevo texto constitucional resulta funesto para la democracia.

La nueva constitución —que empieza liquidando la República de Bolivia— está estructurada en sus alcances políticos, económicos y sociales para desconocer los elementos esenciales de la democracia, que como hemos citado, descrito y comentado en la primera parte de este trabajo, son *el respeto a los derechos humanos y las libertades fundamentales; el acceso al poder y su ejercicio con sujeción al Estado de Derecho; la celebración de elecciones periódicas, libres, justas y basadas en el sufragio universal y secreto como expresión de la soberanía del pueblo; el régimen plural de partidos y organizaciones políticas; y la separación e independencia de los poderes públicos.*

Desde el preámbulo mismo de esta constitución, se entra a calificar períodos pasados de la historia del país y "a tomar partido", se menciona los "funestos" tiempos de la colonia; la sublevación indígena "anticolonial"; las "guerras del agua y de octubre"; los mártires de la gesta constituyente y se exalta y exacerba racismo existente en la sociedad. Se declara el abandono del estado colonial, republicano y liberal, para convertir a Bolivia en un "estado unitario social de derecho plurinacional comunitario". No es necesario ser un experto constitucionalista o un cientísta político para darse cuenta que según este preámbulo, ya ¡Bolivia no será republicana! La República de Bolivia ¿ha dejado de existir?[26]

El texto promulgado es de contenido racista, excluyente y discriminatorio, que ignora los derechos humanos y a los derechos fundamentales. Busca sobretodo terminar con la nación boliviana y dividir a los bolivianos. "La nueva constitución de Bolivia es un documento de una triste hermosura, una especie de curiosidad antropológica en el Siglo XXI. Representa un explicable intento de restituir a la población indígena los derechos y presencia en la vida del país que se le habían quitado o escamoteado durante años de turbulenta historia. En general, sin embargo, sus redactores han hecho oscilar el péndulo con tanto vigor que han

26. Coronel, Gustavo. Opinioneideas.org . 9 de enero 2012. Escrito el 10 de febrero de 2009

llevado el documento al otro extremo, a ser casi racista, excluyente y discriminatorio contra importantes sectores de la población diferentes a la población indígena. Este documento, con sus innegables buenas intenciones, parece consagrar la naturaleza tribal, federativa, de una nación que no termina de encontrar una sólida identidad colectiva"[27].

Si a esto agregarnos que en el Censo de población y vivienda de 2013 casi el sesenta por ciento de los bolivianos han rechazado considerarse como indígenas, la gravedad de la maniobra constitucional resulta aún mas notoria.

Como líder máximo de los cultivadores de coca ilegal, Evo Morales llevó al texto constitucional el tema de la coca considerada como estupefaciente en el marco de la Organización de Naciones Unidas[28] y materia prima esencial para la producción del alcaloide tropano cristalino que se obtiene de las hojas de coca y que se conoce como cocaína[29].

La coca es ahora en Bolivia un "recurso natural renovable", pues la Constitución de Morales declara a "la **coca** originaria y ancestral como patrimonio cultural, recurso natural renovable de la biodiversidad de Bolivia, y como factor de cohesión social; en su estado natural no es estupefaciente" (textual, Art. 384[30]).

Los efectos de la destrucción de la democracia y de la institucionalidad que Evo Morales ha llevado adelante en Bolivia usando su constitución se anunciaban ya el día de la promulgación, cuando la prensa reflejaba un atisbo de lo que empezaba a suceder reconociendo que el nuevo texto otorga más poderes

---

27. Coronel, Gustavo. Comentario citado.

28. Organización de Naciones Unidas. Convención de estupefacientes 1961.

29. Wikipedia citando a Aggrawal Anil, National Book Trust, India (1995) p.52-3

30. Constitución Política del Estado Plurinacional de Bolivia. Gaceta Oficial art. 384.

al pueblo indígena (que son una minoría), refuerza el papel del Estado en la economía y reconoce un estado autonómico a nivel departamental, municipal e indígena, que en lo político, permite la reelección presidencial lo que implicaba que Morales podría —como en efecto hizo— postular nuevamente a la presidencia en diciembre de ese año, cuando se realicen las elecciones generales, comicios de los que también saldría la nueva "Asamblea Plurinacional" que reemplazaría al Congreso Nacional[31].

La nueva constitución contiene en su texto una cuidadosa suplantación de los nombres de instituciones y funciones. Cambia el Congreso de la República por la Asamblea Legislativa Plurinacional, reemplaza la Corte Suprema de Justicia por el Tribunal Supremo de Justicia, el Tribunal Constitucional por el Tribunal Constitucional Plurinacional, La Corte Nacional Electoral por el Órgano Electoral Plurinacional con el Tribunal Supremo Electoral a la cabeza, la Contraloría General de la República por la Contraloría General del Estado, el Defensor del Pueblo por la Defensoría del Pueblo, el Fiscal General de la República por el Fiscal General del Estado. De esta manera y con el pretexto de "haber desaparecido el órgano" o de haber "desaparecido la función" Evo Morales y su gobierno llevarían a cabo en los meses siguientes, el vaciamiento de las instituciones y la cesación automática de los funcionarios constitucionalmente nombrados para reemplazarlos por serviles del régimen, subordinados a la autoridad y a la voluntad del presidente, jefe de todo el poder, ubicado por encima de la ley y convertido en dictador.

No se podía esperar otra cosa si se compara el contenido de esta constitución impuesta a Bolivia con las constituciones de Hugo Chávez en Venezuela y de Rafael Correa en Ecuador. La verdadera readacción e inspiración de estas tres constituciones de los

---

31. BBC Mundo 7 de febrero 2009

países del Alba o bolivarianos corresponde a un grupo de abogados de la Universidad de Valencia, Viciano Pastor y Martínez Dalmau entre otros, cuya acción e intervención fue públicamente reconocida por los constituyentes oficialistas de Bolivia a la prensa internacional.[32]

Estos autonombrados neoconstitucionalistas, imparten un curso de postgrado sobre derecho constitucional en la Universidad de la Habana-Cuba, como muestra de la impostura de que en una dictadura se pretenda enseñar y difundir Derecho Constitucional. Lo tratan de presentar como una nueva tendencia del constitucionalismo bajo el engañoso título de "nuevo constitucionalismo latinoamericano" que se jacta de "haber pasado del estado de legalidad y de derecho a un estado constitucional de derechos"[33].

Como lo expresan Viciano Pastor y Martínez Dalmau, el aporte del nuevo constitucionalismo Latinoamericano consiste en la aplicación radical de la teoría democrática de la constitución a través de instituciones populistas: poderes constituyentes originarios (excluyendo a los poderes constituyentes derivados o constituyentes constituidos, como se conoce a los poderes reformadores), mecanismos de democracia directa (referéndum, plebiscito, revocación popular de mandatos) y la elección de las cortes constitucionales[34]. Con estos fundamentos que pretenden formular doctrina se ha desarrollado y organizado la estructura jurídico constitucional de las dictaduras del socialismo del siglo XXI en América Latina.

---

32. Washington Post, Martes 17 de febrero 2009. "Documento Latinoamericano empuja revoluciones; equipo de investigadores españoles que ayudó a reformular las constituciones de Venezuela, Bolivia y Ecuador", por Joshua Partlow: servicio exterior del Washington Post

33. Interamerican Institute for Demcoracy. Democracy Paper No. 5. agosto 2012. p.21

34. Ob Cit. Exposición de Guillermo Lousteau en el Congreso de Latin American Studies Association (LASA) 2012.

En los hechos, como apunta el ex presidente del Ecuador Osvaldo Hurtado, "los mandatarios de los llamados países bolivarianos una vez instalados en el poder se las arreglaron para, a través de disimulados y sucesivos mini golpes de Estado, desconocer el orden jurídico bajo el cual fueron elegidos y conformar un sistema político contrario a los principios democráticos. Como antes lo hicieron las dictaduras militares, la constitución continuó vigente, pero solamente en lo que no se oponía a los objetivos políticos del caudillo en ciernes, hasta que dóciles asambleas constituyentes les entregaran la constitución que habían ordenado escribir a sus devotos. Las amplias facultades que les fueron asignadas les permitió burlar las leyes, ejercer un poder ilimitado, someter las funciones legislativa y judicial, subordinar los órganos de control, restringir libertades y derechos, limitar el pluralismo, eludir la rendición de cuentas, obstaculizar la alternacia política y manipular los procesos electorales"[35]

---

35. Hurtado, Osvaldo. Ob cit. p.10

MANIPULACIÓN DE LA JUSTICIA,
PRESOS POLITICOS, FALSO INDIGENISMO,
VOTAR Y NO ELEGIR

La justicia en el socialismo del Siglo XXI

CARLOS SÁNCHEZ BERZAÍN
Diciembre 18, 2010

Uno de los elementos que nos permite establecer cuando un Estado se ha convertido en autoritario y ha dejado de ser democrático, es el análisis de la situación del Poder Judicial y de la administración de justicia.

En primer término, debemos verificar si se cumple –respecto a la justicia- con el quinto elemento esencial de la democracia que exige el Art. 3 de la Carta Democrática Interamericana, que es "la separación e independencia de los poderes públicos".

Este principio supone- en lo que al Poder Judicial se refiere- que los jueces deben estar libres de la influencia de los otros poderes y deben tener la capacidad de decidir por sí mismos, de acuerdo con la ley vigente. Como requerimiento explícito, la Carta enumera la independencia del Poder Judicial, para que pueda administrar justicia respetando los fundamentos del debido proceso legal y no en base a la presión o imposición políticas, considerando los hechos de cada proceso y aplicando la legislación pertinente.

Una de las características de lo que hemos denominado "franquicia del socialismo del siglo XXI", en vigencia en Venezuela, Bolivia, Ecuador y Nicaragua, ha sido el premeditado ataque a las cortes supremas, tribunales constitucionales, consejos de la judicatura y demás componentes del Poder Judicial, para finalmente lograr una composición de esas instituciones, que se encuentran absolutamente subordinadas y comprometidas con el gobierno, precedida por el arrasamiento del cuerpo de fiscales, que han pasado a ser simplemente una dependencia del poder político como un instrumento para disponer de la posibilidad de acusación penal a nombre del orden público, a los opositores políticos, empresarios y ciudadanos no adictos al oficialismo.

Vemos así que magistrados y jueces que no se han subordinado y que dictaron alguna decisión contraria a las instrucciones del gobierno, han sido acusados, calumniados, y finalmente cesados y reemplazados, mediante diversas maniobras, entre ellas la argucia de disolver los cuerpos y crear otros nuevos, similares, pero ajustados a las necesidades del poder presidencial. Las reformas constitucionales, con idéntica estructura en los países involucrados, y a la que inscriben pomposamente como el "nuevo constitucionalismo latinoamericano", están precisamente orientadas a realizar esta ruptura de la institucionalidad.

Como resultado final, en cada uno de estos países, ha desaparecido la independencia del poder judicial y la garantía del debido proceso. Las acciones autoritarias de sus presidentes en esta materia han sometido a los jueces hasta tener hoy sólo magistrados sometidos a su voluntad, que resulta con presidentes constituidos también en la máxima autoridad judicial, convertida la justicia en una dependencia política del gobierno y transformada en un mecanismo de disuasión, persecución y represión.

Centenares de ciudadanos venezolanos, bolivianos y ecuatorianos que han tenido una notoria actuación política, por ser dirigentes políticos, candidatos o realizar actos de oposición al régimen, o dirigentes cívicos de relevancia empresarial y peso en medios de comunicación o banca, han sido acusados por supuestos crímenes prefabricados por los propios acusadores, tales como corrupción, asesinatos, tentativas de desestabilización del gobierno, delitos económicos, y de todo tipo. En no pocos casos los delitos han sido cometidos por los propios acusadores. Estos procedimientos políticos, extensivos a quienes, después de haber apoyado inicialmente a estos regímenes se han apartado y disentido con sus políticas, terminan en persecuciones con demandas de extradición incluidas, encarcelamientos, confiscaciones y exilios.

El apoderamiento del sistema de justicia por los gobiernos autoritarios ha criminalizado la oposición y ha judicializado la política. Han refinado el sistema cubano pues para liquidar adversarios políticos en los países del socialismo del siglo XXI, ya no es necesario fusilarlos como en el régimen castrista: simplemente se los acusa y enjuicia sin ninguna posibilidad de defensa en un sistema de justicia donde hasta los jueces pueden ir a la cárcel o ser obligados al exilio por haber actuado con la ecuanimidad y respeto por la ley.

Hemos visto a los presidentes Chávez, Morales y Correa realizar acusaciones, ordenar enjuiciamientos y anunciar sentencias condenatorias que los jueces deben sólo formalizar. Son presidentes acusadores, parte y jueces de los procesos que políticamente les interesan tanto para destruir a un adversario político como para apoderarse de medios de comunicación o empresas.

Cuando este manejo del Poder Judicial se combina con un mecanismo de propaganda que usa sostenidas campañas nacionales e internacionales, el resultado es una condena pública anticipada, a la que los jueces sometidos sólo tendrán que dar una apariencia de legalidad.

Los procesos, resoluciones y sentencias de los jueces y tribunales de Venezuela, Bolivia, Ecuador y Nicaragua (y no limitados a asuntos de contenido político o contra políticos), contra dirigentes de diferentes gremios o entidades, empresarios o simplemente opositores, son prueba patente de la ausencia de democracia en tales Estados donde no existe separación ni independencia del Poder Judicial, abriendo la puerta a la violación premeditada y sistemática de los derechos humanos.

Presos del socialismo del siglo XXI

CARLOS SÁNCHEZ BERZAÍN
Mayo 24, 2013

La comparecencia del actor Sean Penn ante el Sub Comité de Asuntos Internacionales de la Cámara de Representantes de los Estados Unidos pidiendo que su gobierno intervenga ante el de Bolivia para la liberación del ciudadano estadounidense Jacob Ostricher, proponiendo incluso que el rail Dakar no pase por Bolivia, evidencia la existencia de presos políticos por decisiones judiciales en los países del socialismo del siglo XXI.

Sean Penn actor en la película "Dead Man Walking" que ganó un Oscar, es un activista notorio en América Latina por su amistad con los dictadores Castro y con el fallecido Hugo Chávez, a través del que hizo amistad con Evo Morales. Evo declaró a Penn "embajador de buena voluntad de la causa marítima boliviana y por la despenalización de la coca".

Penn fue a Bolivia tres veces el año 2012 para pedir a Evo Morales la liberación de Ostreicher encarcelado 18 meses. Las gestiones permitieron que el juez cambiara la detención por arresto domiciliario y dieron lugar a un escándalo público derivado en una investigación que evidenció la red oficial de extorsión que involucra altos funcionarios del gobierno, fiscales y policías, algunos de ellos detenidos mientras el gobierno enfría el caso para evitar que llegue al propio Morales.

Constatada que la detención de Jacobo Ostreicher es una decisión política de Evo y muerto Hugo Chávez, al parecer Penn no tuvo más opción que reclamar y pedir ayuda a su propio

Congreso, lo que provocó la furia de su amigo el líder cocalero boliviano, enojo justificado porque pone a ojos del mundo el caso del preso político estadounidense en Bolivia.

El tema es que en los países del socialismo del siglo XXI, Cuba, Venezuela, Bolivia y Ecuador, (Argentina ha emprendido el mismo camino), la justicia como instrumento de represión y persecución política, manipulada desde el gobierno tiene muchas más víctimas. La lista de presos políticos en Cuba seguramente ocuparía todas las páginas del diario, siendo notable la del estadounidense Alan Gross ya sentenciado.

En Venezuela presos políticos como el Gral. Raúl Baduel, el My. Milton Revilla, los policías Ivan Simonovis y Lázaro Forero, la jueza Afiuni, el empresario Víctor García, decenas de estudiantes universitarios, el documentalista estadounidense Timothy Tracy, entre muchos otros.

En Bolivia son presos políticos a demanda de Evo Morales, los generales Roberto Claros, Juan Veliz, Luis Aranda, Gonzalo Rocabado y otros que en 2003 cumplieron sus obligaciones constitucionales; el gobernador de Pando Leopoldo Fernández; las víctimas de la masacre de La Calancha; los cívicos acusados en el caso terrorismo cuyo montaje gubernamental está demostrado, Juan C. Velarde, Hugo Paz, Gral. Gary Prado y decenas más; el ex ministro y senador Guillermo Fortún que murió preso; los funcionarios de la empresa aérea liquidada por el gobierno y muchos más acusados de delitos fraguados por el gobierno para anularlos como líderes y/o apropiarse de su patrimonio.

En Ecuador los jueces, a demanda de Rafael Correa, han condenado a 18 meses de prisión al asambleísta Clever Jiménez, a Carlos Figueroa y al periodista Fernando Villavicencio por difamación; acusada de terrorismo la dirigente Mery Zamora ha sido condenada a 12 años de prisión, por haber organizado una marcha de dirigentes y estudiantes.

Estos casos deben llamar la atención de las democracias del mundo para recordarles que hay presos políticos en los países del socialismo del siglo XXI y que además de abogar por su liberación, no le sigan llamando a eso democracia.

La doble moral de Morales

CARLOS SÁNCHEZ BERZAÍN
Julio 7, 2013

Estar sometidos a las leyes es perjudicarnos, aunque digan que nuestros decretos son inconstitucionales, no importa;…. "si algo que hago dicen que es ilegal yo le meto nomás y que lo arreglen…" son algunos de los conceptos de Evo Morales que muestran cómo un individuo se ha puesto por encima de las leyes en Bolivia y ha terminado con los valores y la democracia.

Lo que parecía al principio la repetición de muestras de ignorancia del dirigente cocalero, son hoy la constante de cómo se gobierna en Bolivia y en los países del socialismo del siglo XXI, con conceptos inmorales que resultan de cumplimiento obligatorio. Esta forma prepotente de proceder se aplica también a las relaciones internacionales y amenaza con convertir a la Bolivia de hoy en un estado aislado y de cuidado.

Cuando Morales tomó el poder, Bolivia tenía relaciones cordiales y libres de conflicto con todos los países del mundo democrático, sosteniendo con Chile el problema de la reivindicación marítima con relaciones a nivel consular. Las inversiones de empresas internacionales en el país y la cooperación internacional así lo demostraban. Hoy los principales aliados del gobierno de Morales son Cuba, Venezuela, Irán, Ecuador, Nicaragua y lo fue Libia hasta la muerte del dictador Gadafi del que Morales recibió importante apoyo económico en su camino a la destrucción de la nación boliviana. La inversión externa estratégica ha desaparecido prácticamente y el gobierno se ha beneficiado de millonarios aportes de Venezuela libres de todo control y fuente de corrupción; cientos y hasta miles de millones de dólares venezolanos para la caja política de un gobierno operado por cubanos.

Evo Morales ha expulsado de Bolivia desde hace varios años a embajadores, cooperadores internacionales y agencias, sobre todo las vinculadas a la lucha contra el narcotráfico, tensionando las relaciones o generado distanciamientos con casi todos los países de la región a quienes ha convertido en mercados del incremento en la producción de droga. Como resultado de su último viaje a Moscú y del incidente del avión presidencial ha entrado en conflicto con España, Francia, Italia y Portugal a quienes acaba de hacer saber que "exige sanciones para los responsables porque las disculpas no son suficientes".

El trato que hoy reciben los países europeos que terminaron complicados en el mecanismo de propaganda y las presiones de los países no democráticos del socialismo del siglo XXI, se ha convertido además en un importante instrumento de campaña electoral para la fraudulenta reelección que Evo ya ha empezado, exacerbando el sentimiento nacionalista.

Como Morales está acostumbrado ha hacer lo que quiere en Bolivia, ahora ejerce esta potestad en el ámbito internacional, con doble moral y doble conducta como en todo. Por ejemplo, no le gusta que le recuerden que desde el 28 de mayo de 2012 retiene en la Embajada de Brasil en La Paz al senador Roger Pinto, un opositor que investigaba vinculaciones del Gobierno de Morales con el narcotráfico y que tuvo que pedir asilo en la legación diplomática brasilera al ser perseguido por los jueces y fiscales del Gobierno para frenar tales investigaciones. Brasil ha concedido asilo al senador boliviano, pero Evo Morales ha negado hasta hoy el salvoconducto.

El ministro de Defensa de Brasil Celso Amorin ha revelado esta semana, según la Folha de Sao Paolo, que el Gobierno de Evo Morales por medio de agentes antinarcóticos, revisó en Bolivia en tres ocasiones, aviones militares brasileros "uno de ellos que transportó al Ministro de Defensa de Brasil- buscando presuntamente al senador Pinto que podría ser trasladado al Brasil en base al asilo concedido (en este caso la alegada inmunidad no existió). El Gobierno de Brasil ha calificado el incidente como "abusivo, lamentable y condenable", y el Gobierno boliviano no se ha disculpado pero ha contestado "recomendado a la prensa no caer en estas tomaduras de pelo".

La dualidad moral de Morales escrita está, pero como dice el rumor popular, "tal vez los gobiernos europeos no tendrían que disculparse si la revisión del avión de Evo hubiera sido hecha por agentes antinarcóticos".

De la embajada brasilera al exilio

CARLOS SÁNCHEZ BERZAÍN
Agosto 30, 2013

La existencia de perseguidos, presos y exiliados políticos es una de las notas características de los países del socialismo del siglo XXI. Reiteramos que el exilio generado por la dictadura castrista en Cuba se cuenta por millones, el exilio de la dictadura chavista en Venezuela se cuenta por miles, el exilio de la dictadura cocalera de Evo Morales se cuenta por cientos, el de Rafael Correa en Ecuador por decenas. Parece que cuanto más tiempo retienen el poder, más exiliados producen.

De acuerdo a información del Alto Comisionado de las Naciones Unidas para los Refugiados (ACNUR) al 30 de enero de 2013 existían registrados 774 exiliados bolivianos y con la llegada del senador Roger Pinto a Brasil por persecución política, Evo tiene en su haber por lo menos 775 exiliados, sin contar los que no se han registrado y los que tienen pendientes sus solicitudes de asilo, con los que la cifra puede ser superior a 1.000. Esto ubica a Morales en el tercer lugar de los gobernantes de la región que destierran a sus nacionales, después de Cuba y Venezuela.

Lo típico del exilio del socialismo del siglo XXI es que está ejecutado por la persecución judicial. Todos los exiliados bolivianos por ejemplo, están acusados por Evo Morales en persona o por miembros de su gobierno de haber cometido delitos de tipificación terrible e infamante, pues lo primero que buscan es liquidar el prestigio y la imagen pública del perseguido. Es usual que el gobierno acuse a su víctima de los delitos que el propio presidente o miembros de su grupo político han cometido. Hay que insistir en que el mundo observe que los jueces en los países del socialismo del siglo XXI son los instrumentos de la represión, son una nueva forma de policía política y la más grave forma de corrupción.

El caso del senador boliviano Roger Pinto —hoy exiliado en Brasil y acusado de 20 delitos por el gobierno de Morales— resulta ilustrativo. Este legislador opositor investigaba vinculaciones del gobierno con el narcotráfico y casos de corrupción, lo que generó la reacción oficialista que poniendo en marcha su sistema de fiscales y jueces lo persiguió y pretendió encarcelarlo hasta forzarlo a refugiarse en la embajada de Brasil en La Paz. El gobierno brasilero le concedió asilo político y solicitó al gobierno de Morales el salvoconducto para que el asilado pueda dejar la legación diplomática y viajar al Brasil; el gobierno boliviano negó tal autorización en reiteradas oportunidades y así pasó más de un año hasta que hace pocos días el senador Pinto "apareció" en Brasil, desatando una controlada protesta Morales y su gente que usando las relaciones de todo el grupo del socialismo del siglo XXI, especialmente las de Cuba y Venezuela, parecen haber logrado que la presidenta de Brasil remueva a su Ministro de Relaciones Exteriores y silenciar al senador exiliado.

Hay muchas preguntas que se hace la opinión pública: ¿por qué el gobierno de Morales que no otorgó el salvoconducto, permitió la salida del senador para luego calificarla como fuga?, ¿cómo pueden vehículos oficiales del gobierno de Brasil —aparentemente con efectivos armados— desplazarse por territorio boliviano por aproximadamente 21 horas sin ningún obstáculo?, ¿por qué la inteligencia cubana que controla los servicios en Bolivia permitió la operación o fracasó en este caso?, ¿será como se ha denunciado un acuerdo para saldar este asunto de manera no oficial? ¿por qué la renuncia del canciller brasilero si había tal acuerdo?, ¿será verdad que el canciller renunciante era el último leal del expresidente Lula en el actual gabinete?, ¿cómo se explica el suave reclamo del gobierno de Morales y la dura reacción de la presidente de Brasil?, ¿por qué el senador Pinto tiene ahora que guardar silencio, dejó de asistir al Senado de Brasil y no puede hacer públicos los asuntos que investigaba?

El tema de fondo es que un senador, por ejercer sus funciones de fiscalización, es judicialmente perseguido y públicamente acusado por Evo Morales, hasta forzarlo al exilio, donde el perseguido parece condenado al silencio; y más grave aún, queda demostrado por éste y anteriores casos, que simplemente no hay oposición posible en Bolivia.

Hace un año —en septiembre de 2012— la Iglesia Católica de Bolivia por medio de la Conferencia Episcopal Boliviana pidió al gobierno "amnistía para presos y exiliados políticos" como un gesto de "reconciliación", calificando de "aberrante usar la justicia para perseguir a los disconformes con el proyecto político" de Evo Morales. La Iglesia no había hecho un pedido igual desde el 17 de noviembre de 1977 durante la dictadura militar.

Confiesan manipulación de la justicia para reelección de Evo Morales

CARLOS SÁNCHEZ BERZAÍN
Septiembre 26, 2013

Gualberto Cusi, un boliviano —que viste poncho y sombrero— miembro del Tribunal Constitucional Plurinacional creado por el propio Evo Morales como parte de su Estado plurinacional con el que sustituye la República de Bolivia, ha declarado esta semana que " la manipulación política en la justicia permitió al presidente Evo Morales avalar su tercera postulación para la reelección en las elecciones generales de 2014".

Según Cusi "la mejor salida legal para este caso hubiera sido la reforma de la constitución política mediante un referéndum que ponga a consideración de la ciudadanía si aceptan o no la tercera postulación del también presidente de las seis federaciones cocaleras del trópico de Cochabamba".

Esto es nada menos que la confesión pública de uno de los propios jueces de Evo Morales, reiterada ante todos los medios de comunicación, de que Morales manipuló la justicia para cometer el primer acto del extenso fraude electoral con el que Morales pretende reelegirse el próximo año. Pero además, esta declaración es una muestra adicional de la corrupción que como política de Estado caracteriza al gobierno de Morales como a todos los gobiernos dictatoriales del proyecto del socialismo del siglo XXI.

Además del efecto en el tema electoral, la declaración de Gualberto Cusi es la demostración final —si alguna faltaba— de que la justicia en Bolivia es solamente un instrumento más del aparato político. La justicia boliviana le sirve a Morales para perseguir, encarcelar y exiliar a quienes considera sus enemigos políticos, le sirve para amedrentar a la ciudadanía en general y mantenerla alejada de la política y del control al gobierno, le sirve para encubrir la mega corrupción gubernamental y le sirve para simular legalidad cuando en verdad comete fraude.

La reacción contra Cusi, vino del partido de Morales cuyos voceros lo llenaron de insultos, pidieron su renuncia y anunciaron "juicio de responsabilidades", esto es que amenazan someter a su juez a un proceso en el que como todos los acusados por Evo Morales y su gobierno, ya está condenado de antemano. Tal vez no hayan decidido aún la pena, pero ya está sentenciado.

Los miembros del Tribunal Constitucional se han apresurado a ratificar su resolución (lo que es otro acto de confesión, porque si vale no tiene razón ratificarla), pidiendo además por medio de su presidente el juicio de responsabilidades contra Cusi por "incumplimiento de deberes", seguramente porque en opinión de estos jueces es deber de su colega el cumplir como ellos han hecho las instrucciones políticas del gobierno.

Al defenderse de las amenazas gubernamentales Cusi declaró "no haber hecho nada ilícito al calificar de arbitraria e ilegal la candidatura a la reelección de Evo Morales" y pidió que se respete su derecho a opinar. Al parecer el juez no recuerda lo que en el gobierno de Morales les ha pasado a periodistas, políticos, indígenas, cívicos, obreros, empresarios, jueces, abogados y ciudadanos bolivianos que hicieron uso de su derecho de libre expresión.

Es posible que Gualberto Cusi pase a formar parte de los perseguidos, presos o exiliados políticos bolivianos, e incluso de los muertos por el gobierno de Evo Morales, o es posible que no pase nada. Mientras tanto, en Nueva York ante las Naciones Unidas el dirigente cocalero y dueño del Estado plurinacional se llena la boca de frases de justicia, libertad, antiimperialismo, derechos humanos, coca, …señalando a países democráticos en los que un caso de corrupción como este lo hubiera echado hace tiempo del poder.

Bolivia: imprescindible unidad de la oposición

CARLOS SÁNCHEZ BERZAÍN
Noviembre 14, 2013

La unidad de la oposición política en Bolivia es imprescindible frente a la decisión de Evo Morales de ir a la reelección por tercera vez. Morales ha decidido perpetuarse en el poder por el camino del fraude que ya ha comenzado con la ilegal interpretación de su Tribunal Constitucional habilitándolo como candidato, violando su propia constitución. Más allá de posiciones ideológicas, programáticas o de liderazgos personales es urgente la organización de un solo bloque de oposición real para impedir la candidatura de Morales, denunciar y desmontar el fraude, poner en evidencia la naturaleza del régimen, ganar las elecciones de 2014 y recuperar la democracia (en este orden).

La Concertación en Chile para derrotar al dictador de su país y luego gobernar con éxito, y la Mesa de Unidad Democrática en Venezuela que sigue luchando y que víctima del fraude en las últimas elecciones no tardará en tomar el poder, son ejemplos importantes.

Para regímenes como los que hoy gobiernan Venezuela, Bolivia, Ecuador y Nicaragua su principal tarea es mantenerse indefinidamente en el poder, y uno de los instrumentos para ese objetivo es promover la ineficacia política de la oposición, terminar con ella, dividirla, crear parcial o totalmente una oposición funcional o simulada. Para esto han desprestigiado y destrozado el sistema de partidos políticos buscando controlar el país con un sistema de partido único y han perseguido, enjuiciado, encarcelado y exiliado líderes, dirigentes políticos, cívicos y sociales que podrían opción.

Han creado una institucionalidad para el fraude: suprimido la elecciones libres; controlado los medios de comunicación comprándolos, cerrándolos o confiscándolos; restringido lo más posible o suprimido la libertad de prensa; controlado y puesto bajo su dependencia los órganos encargados del proceso electoral anulando su imparcialidad y transparencia; controlado los sistemas de identidad y registro de ciudadanos; alterado las circunscripciones electorales; concentrado ingentes fondos de campaña electoral por la vía de la corrupción pública y el aprovechamiento de los bienes y recursos del Estado; modificado las constituciones políticas y las leyes a su conveniencia para que incluso perdiendo en el número de votos o con una primera minoría mínima puedan permanecer en el poder. En suma, con estas y muchas otras medidas los dictadores del siglo XXI en estos países, son los dueños del poder, de las reglas, de los árbitros, del público, y pretenden serlo incluso de la oposición.

En Bolivia hoy existen muchos y variados liderazgos que se proclaman como candidatos de oposición, pero el gobierno, los opositores y el pueblo boliviano —todos— saben que ninguno de ellos convertido en candidato podrá ganar las elecciones. La más importante y sencilla razón es que cuanto más numerosos sean los candidatos de oposición que se presenten, más dividido estará el voto de la mayoría de los bolivianos (más el 60%) que ya no quiere a Morales en el poder. Frente a esto solo hay una respuesta: un bloque de unidad, un frente único de oposición, un proyecto de unidad nacional por la democracia, una concertación, una mesa de unidad, o sea —como quiera que la llamen— una sola oposición.

La primera tarea de la oposición boliviana unida no es elegir candidato a la presidencia, es evitar que Evo Morales consolide su primer acto de fraude electoral que es su habilitación a la re-re-reelección. En este sentido el adelantar candidaturas en este momento es solo hacer el juego que el oficialismo quiere y necesita. Proclamarse candidato más de un año antes de la elección es iniciar una campaña que Evo Morales necesita que comience lo antes posible, porque de esa manera consolida su primer acto de fraude, su candidatura.

La respuesta al desafío histórico de la unidad de la oposición en Bolivia marcará la diferencia entre quienes son verdaderos opositores y quienes por cualquier motivo le estarán haciendo el juego al gobierno, como opositores funcionales, aparentes o como sus operadores para dividir la oposición, habilitar a Evo Morales y simular un proceso electoral que no es democrático.

Bolivia: ¿ahora les toca a los empresarios?

CARLOS SÁNCHEZ BERZAÍN
Diciembre 5, 2013

Desde octubre de 2003 se produjo en Bolivia un proceso que ha llevado al país a que hoy ya no sea una democracia. Es simplemente parte de las "dictaduras del siglo XXI", donde un dirigente cocalero ha concentrado el poder total para perpetuare en el gobierno, haciendo de la justicia un brazo opresor, criminalizando la política y judicializando la represión. La libertad de prensa no es ni una fracción de la que había el 2003. Existen más presos, exiliados y perseguidos políticos que en cualquiera de las dictaduras militares del siglo pasado. La corrupción está institucionalizada desde el gobierno. La denominación de "narcoestado" es reiterada en el exterior. Rige como constitución un "reglamento de la dictadura" para aparentar legalidad y democracia. Han liquidado la República y en su lugar imponen un "Estado plurinacional" dividiendo y confrontando a la nación boliviana.

En ese medio político y social la economía se muestra aún exitosa, gracias a la siembra realizada en tiempos de democracia, al boom de los precios internacionales de los minerales y materias primas, y al flujo de recursos que produce el narcotráfico alentado por el incremento de los cultivos de coca bajo el liderazgo de Evo Morales, hoy presidente del Estado plurinacional. Evo Morales ha declarado a la coca en su constitución del Estado plurinacional como "patrimonio cultural, recurso natural renovable y factor de cohesión social" (Art. 384).

Durante todo el gobierno de Morales se ha procedido sostenida y sistemáticamente al desmantelamiento de la institucionalidad democrática de la República de Bolivia, siguiendo la hoja de ruta diseñada por el castrismo y aplicada en Venezuela, Ecuador y Nicaragua. Pero en ese mismo tiempo los "negocios han funcionado bien", los empresarios han ganado dinero, y esta situación los llevó a creer que independientemente de lo que pudiera estar pasando en la política, con o entre los políticos, ellos —los empresarios— podían mantener sus empresas y patrimonio. En la primera etapa del socialismo del siglo XXI en Bolivia les hicieron creer que respetarían la propiedad privada, la libre empresa y la iniciativa. Abusos, persecuciones y confiscaciones a algunos importantes empresarios, fueron atribuidas a la politización de las víctimas y el empresariado se creyó la consigna oficialista de que "si haces empresa y no te metes en política todo estará bien".

Lo que el bien lubricado optimismo empresarial no entendió es que mientras ellos tenían buenas utilidades y soslayaban la realidad nacional, el gobierno terminaba con la libertad, con la independencia de los poderes del Estado, controlaba el sistema de justicia y lo instituía como instrumento de represión, terminaba con la regulación independiente, limitaba la libertad de prensa, acallaba a los opositores, líderes cívicos y sociales encarcelándolos o forzándolos al exilio, se apoderaba de medios de comunicación, en suma destrozaba la institucionalidad democrática para sustituirla por un sistema centralista, estatista y totalitario.

Ahora, el socialismo del siglo XXI con Evo Morales como su ejecutor, da la señal que les toca a los empresarios (sin importar su capital ni tamaño). Para eso ha decretado el pago de "doble aguinaldo", o dos sueldos mensuales extras en lugar de uno por las fiestas de fin de año, destinado a descapitalizar a los pequeños y medianos, y ablandar a los grandes empresarios. Esta es solo la medida más notoria o dolorosa de momento, ya que el conjunto de leyes y disposiciones destinadas a buscar la quiebra y la liquidación de la empresa privada están en marcha y en ejecución. Cuando los empresarios quieran defenderse no encontraran ni libertad de prensa, ni justicia, ni oposición, ni regulación, ni institucionalidad que proteja sus legítimos derechos... de la liberad y el sistema de garantías fueron liquidados mientras ellos pensaban que nunca les tocaría, que con un poco de billete todo se podría arreglar.

Será que como decía Lenin, ¿vendieron a la dictadura la soga con la que los van a ahorcar? ¿Seguirán el camino que vemos hoy en Venezuela? ¿Ahora les toca a los empresarios? ¿Y después de ellos...qué... o a quién?

Carta a Evo Morales

7 de enero de 2014
Señor Evo Morales
Jefe del Estado Plurinacional de Bolivia
Presente.-

De mi consideración:

Ante tu interés y preocupación por el contenido de mi libro *La dictadura del Siglo XXI en Bolivia* y tus declaraciones del 5 y 6 del presente respecto a la próxima visita del Premio Nobel de Literatura Mario Vargas Llosa, me veo forzado a escribirte para aclarar ante la opinión pública los aspectos siguientes:

1.- Has declarado que "Vargas Llosa llega a Santa Cruz… a convocatoria o instrucciones de Sánchez Berzaín". Eso es mentira y tú lo sabes, pero "Evo miente como siempre" porque de esa manera (por instrucción de los estrategas cubanos que señalan el camino de tu gobierno) pretendes adelantarte a la segura y reiterada crítica que el ilustre defensor de la libertad y de la democracia Mario Vargas Llosa realizará en Bolivia como lo hace en cualquier lugar del mundo. No puedes gobernar como lo haces y pretender que el mundo no se dé cuenta. No tengo ninguna relación con el viaje ni con Mario Vargas Llosa, a quien admiro como escritor y como luchador en la defensa de los derechos fundamentales de las personas.

2.- Evo, tú no necesitas que nadie te desprestigie, lo has logrado solo. Pudiste seguir el camino de Mandela uniendo al pueblo boliviano para llevarlo al desarrollo y preferiste la senda de Mugabe convirtiéndote en un dictador, dividiendo a los bolivianos, violando las libertades fundamentales, tomando el control absoluto del poder. Has atentado contra la independencia nacional sometiendo al país a las órdenes de Cuba y Venezuela. La Bolivia que hoy controlas tiene menos libertad de prensa, menos libertad de expresión, ninguna independencia de los poderes del Estado, y menos futuro en relación a la Bolivia de hace diez años.

Has acabado con la República de Bolivia y tu Estado plurinacional tiene crímenes, perseguidos, presos y exiliados políticos, gobiernas con las técnicas de miedo de los cubanos castristas a quienes has entregado desde la administración de correos hasta la seguridad nacional, pasando por la identificación personal, servicios médicos, adoctrinamiento rural, intervención de las comunicaciones de la vida diaria de los bolivianos y otras actividades que generan el repudio de nuestros compatriotas. El proyecto político que diriges no es boliviano, es de intervencionismo externo, es una copia del que aplica Cuba en Venezuela, Ecuador y Nicaragua, donde incluso las constituciones y sus modificaciones son las mismas. Todo lo que buscan es controlar el poder total y mantenerlo indefinidamente, y así han terminado con la democracia. Esto sin hablar de la coca ilegal en el país cuyos cultivos crecen y con ellos la sospecha internacional de un "narcoestado".

3.- Mi libro *La dictadura del Siglo XXI en Bolivia* tiene como marco lo que es la democracia y lo que es la dictadura, hace un recorrido histórico breve de parte de los atentados contra la democracia en los que tú participaste, describe la suplantación constitucional, relata hechos y casos (todos verificados y verificables) que muestran la índole de tus actos políticos y los de tu gobierno, que no corresponden a una democracia. Debo recordarte que de acuerdo a la Carta Democrática Interamericana (suscrita por Bolivia) los elementos esenciales de la democracia son: "el respeto a los derechos humanos y las libertades fundamentales; el acceso al poder y su ejercicio con sujeción al Estado de Derecho; la celebración de elecciones periódicas, libres, justas y basadas en el sufragio universal y secreto como expresión de la soberanía del pueblo; el régimen plural de partidos y organizaciones políticas; la separación e independencia de los poderes públicos". Entiendo que el libro te preocupe porque demuestra como en tu gobierno no se respeta ni uno de estos elementos esenciales.

El libro contiene algunos casos de la persecución judicializada que has institucionalizado en Bolivia y describe las características del procedimiento de persecución. Cada víctima puede hacer varios libros con el drama que les toca vivir por tus abusos.

Lo que llamas "instrucciones de Sánchez Berzaín" contenidas en el libro, es el capítulo 5 "Cómo recuperar la democracia", en las condiciones de la realidad objetiva de la Bolivia de hoy. Formulo 5 sugerencias que creo son buenas por la reacción que han motivado y porque además pueden ser de aplicación en todos los países víctimas del proyecto Alba o socialismo del siglo XXI. No son de mi creación, están recuperadas de la historia política de los pueblos que han luchado por su libertad y son: Llamar las cosas por su nombre, la imprescindible unidad de la oposición (con los ejemplos de la izquierda chilena y de la oposición venezolana), recuperar la capacidad de denuncia, despertar la solidaridad de las democracias del mundo, y reconocer que hemos perdido la democracia.

4.- Como conozco que tus estrategas pondrán en marcha de inmediato un nuevo ataque contra mi persona para buscar aplicar su técnica del "asesinato de la reputación" (debes ver el anexo 7 del libro, también publicado en el *Diario Las Américas*), argumentando los hechos de octubre de 2003 que tu mismo has reivindicado de manera pública como el derrocamiento del gobierno democráticamente elegido, te recuerdo que el juicio de persecución política con el que me persigues e infamas tiene —entre otros— las características siguientes:

4.1.- Eres el acusador pese a ser el principal instigador y autor delos delitos que se pretenden juzgar. 4.2.- El juicio se lleva adelante solo contra quienes defendimos la democracia en cumplimiento de la Constitución y las leyes; los conspiradores, sediciosos y autores, contigo a la cabeza nunca han sido investigados porque están protegidos por los decretos supremos 27234 y 27237 por los que Carlos Mesa les dio amnistía. Solo está acusada una parte. Los que provocaron, ejecutaron y se beneficiaron de los hechos de violencia están hoy en tu gobierno gozando de amnistía y reclamando como mérito su intervención en el derrocamiento. 4.3.- Promoviste el juicio pese al informe negativo de la comisión de fiscales que no encontró materia justiciable, por lo que fueron destituidos hasta conseguir fiscales que acusen. 4.4.- En la votación el Congreso no logró los votos necesarios para autorizar el enjuiciamiento y violando la ley forzaste la autorización. 4.5.- Has destituido fiscales, jueces y magistrados, los has perseguido, enjuiciado y obligado a renunciar hasta controlar todo el sistema con el que has convertido en presos políticos a los miembros del Alto Militar del 2003. 4.6.- Es un juicio que no respeta ninguna garantía ni derecho, no respeta la igualdad de las partes, el debido proceso, la presunción de inocencia, el juez imparcial, la naturaleza de la prueba, no respeta nada. Es un linchamiento político que te sirve aún de propaganda… pero si algún día quieres esclarecer la verdad frente al pueblo boliviano solo tienes que pedir un archivo de tus declaraciones y discursos públicos sobre el tema en los que has confesado ya tu culpabilidad.

Finalmente, deja circular en el país el libro *La dictadura del Siglo XXI en Bolivia*, ordena que devuelvan los ejemplares que tu policía política ha censurado. Igual lo bajarán de Amazon. Si el pueblo boliviano encuentra algo que no sea cierto, verificado o verificable, te ofrezco enmendarlo en la tercera edición.

Un proverbio enseña: "puedes engañar a muchos poco tiempo, puedes engañar a pocos mucho tiempo, pero no engañarás a todos todo el tiempo". Cuidado Evo, el tiempo pasa.

Desde el exilio
Carlos Sánchez Berzaín

El falso indigenismo de Evo Morales

CARLOS SÁNCHEZ BERZAÍN
Febrero 7, 2014

Evo Morales no es un indígena como su propaganda y el diseño oficial de su imagen lo presenta.

Es un mestizo cocalero que utiliza la denominación y el discurso indigenista para encubrir su verdadera naturaleza del líder máximo de los cultivadores de coca ilegal en Bolivia, país cuya democracia ha destruido.

Es el gobernante que —después de la Revolución Nacional de 1952— ha cometido más abusos y tiene las mayores confrontaciones con los indígenas bolivianos a quienes persigue, divide y busca privar de sus tierras originarias para ampliar los cultivos de coca ilegal como en el caso del Territorio Indígena Parque Nacional Isiboro Secure (TIPNIS).

Se dice Indio "del indígena de América, o sea de las Indias Occidentales al que hoy se considera como descendiente de aquel sin mezcla de otra raza".

Indígena en "sentido amplio se aplica a todo aquello que es relativo a una población originaria del territorio que habita", y en sentido estricto se aplica a "las etnias que preservan las culturas tradicionales".

Se considera al indigenismo "una ideología política en varios países de América Latina, que hace hincapié en la relación entre el Estado nación y las minorías indígenas".

Desde las dictaduras del siglo XXI lideradas por el castrismo, a las que pertenece Evo Morales, el indigenismo es parte de la nomenclatura utilitaria para la articulación política, sobre todo en países andinos.

En Bolivia la revolución nacional de 1952 liderada por Víctor Paz Estenssoro estableció el "voto universal", la "reforma agraria" y la "reforma educativa" como bases fundamentales para la "liberación del pueblo boliviano" (en ese momento mayoritariamente indígena y rural) y para la construcción de la "Nación Boliviana".

Desde entonces ningún gobierno interrumpió este proceso, hasta que la intervención transnacional con Evo Morales con disfraz indigenista y subordinación castro-chavista llegó al poder.

"Bolivia no es indígena, es mayoritariamente mestiza", demostraba ya el año 2007 el académico Carlos Toranzo del Instituto Latinoamericano de Investigación Social (ILDIS) en el ensayo "Viabilizar a los mestizos y cholificar la discusión social", demostrando con los censos y encuestas un promedio superior al 60% de mestizos frente a no más de 20% de indígenas.

En 2008 las encuestas demostraban que un 73% de los bolivianos se identificaban como mestizos.

En el Censo Nacional de 2012, luego de 60 años de la revolución nacional, el 69% del pueblo boliviano han expresado "no pertenecer a ningún pueblo indígena", pese a la manipulación realizada por Evo Morales que desde el gobierno impidió preguntar si el ciudadano se identificaba como "boliviano".

El mestizaje "identifica a seres humanos que tienen antecesores de distintas culturas o etnias y que dan origen a una nueva". Los bolivianos somos orgullosa y mayoritariamente mestizos. El concepto "boliviano" tanto cultural, sociológica y políticamente comprende como "nación" a todos los nacidos en Bolivia incluidos los pueblos originarios que son la base del mestizaje, la base de lo boliviano.

La campaña de división y confrontación entre bolivianos es parte de la estrategia de intervención transnacional diseñada y operada por el imperialismo castrista, la utilización del indigenismo es uno de sus mecanismos.

La constitución política de Evo Morales lo demuestra al reconocer 36 naciones y reemplazar la República de Bolivia por un "Estado plurinacional", suplantando la "nación boliviana" como base de la unidad nacional.

Evo Morales que ni siquiera habla una lengua originaria (pídanle un discurso o un debate en quechua o en aimara), no es un indígena, es un boliviano (mestizo) como su propio nombre y apellido lo demuestran.

Es el máximo líder cocalero (persona que cultiva y explota la coca, un arbusto de la familia de las eritroxiláceas de la que se extrae la cocaína), que utiliza una falsa imagen de indígena mientras combate y destruye el indigenismo y la nación boliviana.

La forma de gobierno de la dictadura del Siglo XXI en Bolivia

CARLOS SÁNCHEZ BERZAÍN
Abril 17, 2014

Con este 16 de abril son cinco años de la denominada "masacre del Hotel las Américas", "caso Rozsa" o "el caso terrorismo" en Bolivia. Este hecho de violencia ordenado por Evo Morales (según su declaración en Caracas el mismo día) fue la cúspide de la trampa a los defensores de la democracia que se oponían a consolidación del proyecto dictatorial y de la intervención cubano-venezolana que hoy controlan Bolivia.

Cinco años han sido suficientes para demostrar que este caso fue un montaje más, del gobierno de Morales para terminar con la resistencia democrática del Oriente boliviano, cuyos líderes fueron criminalizados. Desde que Morales mostró su proyecto totalitario y 6 de los 9 departamentos de Bolivia denunciaron la pérdida del Estado de Derecho y la constante violación de los derechos humanos, sus líderes quedaron convertidos en "enemigos" y separatistas.

La operación de hace 5 años, consistió en un asalto armado de las fuerzas gubernamentales en el Hotel las Américas, el asesinato de Eduardo Rozsa-Flores (húngaro-boliviano), de Arpad Magyarosi (húngaro-rumano) y de Michael Martin Dwyer (Irlandés) y el apresamiento de Mario Tadic (boliviano) y Elod Tosao (Húngaro). Y luego un "proceso" con fiscales y jueces manipulados desde el gobierno.

Los dirigentes cívicos, políticos, defensores de derechos humanos y empresarios de Santa Cruz acusados falsamente de haber contratado y/o financiado a los supuestos "mercenarios" (los muertos por las fuerzas del gobierno), e incluso abogados y jueces, fueron perseguidos, encarcelados, extorsionados y asesinada de su reputación. Esto produjo decenas de exiliados y encarcelados e indeterminado número de extorsionados que entregaron millones de dólares a funcionarios del gobierno.

El Parlamento Europeo ha pedido "juicio Justo", exigido la liberación de los detenidos y la investigación internacional de los asesinatos. Ciudadanos extorsionados han denunciado públicamente los delitos cometidos por los funcionarios del gobierno. El fiscal Marcelo Sosa, jefe formal del proceso que ejecutó el sistema de "terror judicial" para "vacunar a la ciudadanía" y terminar con la oposición real, fue denunciado y cuando el gobierno no pudo evitar investigarlo, Soza se fugó al Brasil. El Juez Gualberto Cusi acusa al gobierno de haber ayudado a Soza para que escape.

Esta trama de corte castrista consolidó la dictadura en Bolivia. Los hechos verificables demuestran que lo acontecido es una cadena de actos criminales (concurso delictivo) concebidos, auspiciados, operados y encubiertos desde la cúpula del "Estado plurinacional", acompañados con la violación de la libertad de prensa y de expresión.

Es el ejercicio de la dictadura del siglo XXI en Bolivia, pero es solo parte de un método vigente que comenzó con el derrocamiento del gobierno democrático en octubre de 2003; siguió con el denominado juicio de responsabilidades que tiene presos políticos a los miembros del Alto Mando Militar; la masacre del Porvenir con la que han apresado y perseguido a las víctimas sobrevivientes y consolidado en el poder a los ejecutores; hechos de sangre y represivos en Cochabamba, las minas, zonas cocaleras legales, el TIPNIS; la persecución judicial de los gobernadores del Beni, Pando, Cochabamba, Tarija y Chuquisaca, su exilio y encarcelamiento; la extorsión y persecución de empresarios nacionales y extranjeros y más.

Ninguno de estos "procesos" resiste una superficial auditoría jurídica. En todos, los autores son acusadores, las víctimas han sido convertidas en delincuentes, no hay igualdad de las partes, ni debido proceso, ni presunción de inocencia, ni juez imparcial, no hay pruebas… Pura corrupción y sólo la sentencia previa dictada públicamente por el "jefazo" (autor, acusador, juez y verdugo), igual que Castro, que Chávez, que Maduro, que… todos los dictadores. Es la forma de gobierno de la dictadura del siglo XXI en Bolivia.

Reloj que gira al revés:
Símbolo de la dictadura en Bolivia

CARLOS SÁNCHEZ BERZAÍN
Julio 3, 2014

La dictadura en Bolivia ha puesto en el Edificio del Congreso, como "símbolo de cambio político", un reloj que marcha al revés, con los números invertidos que van del 12 al 1 y con las manecillas que giran a la izquierda. El "reloj del sur", ha sido presentado como señal de "tiempos de recuperar la identidad", alegando que "en el sur nacen las ideologías que pretenden cambiar el mundo de injusticias del norte". De esta manera, Evo Morales ha presentado el símbolo perfecto de su gobierno: argucias y dependencia que llevan a Bolivia para atrás.

Sostener —en plena revolución tecnológica y comunicacional— que el eje de confrontación sigue siendo de izquierdas y derechas es un anacronismo. Los Gobiernos democráticos llamados de izquierda respetan el capital y la propiedad privada, atraen inversiones externas, están abiertos a los mercados, firman tratados de libre comercio, alientan la libre contratación, achican el Estado ampliando el ámbito de la iniciativa privada y generan excedentes que les permiten ejecutar políticas sociales. Los Gobiernos denominados de derecha, se esfuerzan por reducir la pobreza, invertir en educación, llevan adelante políticas sociales, privilegian a las minorías para incorporarlas al mercado, promueven el crecimiento de la clase media. Algunos ejemplos son Chile, Brasil, México, Uruguay, Perú, Dominicana.

En todo caso las dictaduras de Cuba, Venezuela, Bolivia, Ecuador y Nicaragua tienen más de fascistas que de izquierdistas. Aunque traten de presentarse como de izquierda no lo son. Los líderes y partidos democráticos de izquierda los han repudiado o no forman parte de estos regímenes y en muchos casos están perseguidos.

Que los relojes de Morales ahora marchen públicamente al revés, es la confesión de cómo y a donde llevan a Bolivia. Algunos ejemplos de lo que sucede en Bolivia desde la instauración de la dictadura nos muestran cuanto y como retrocede el país:

En materia de democracia Bolivia marcha al revés. Ha perdido la democracia y rige una de las dictaduras digitada por el proyecto castrista. Bolivia tiene hoy decenas de presos políticos, cientos de exiliados y de perseguidos. El dictador se "re-reelegirá" en octubre de este año, demostrando que "elecciones no son democracia".

En derechos humanos y libertades fundamentales también al revés. Morales ha perpetrado múltiples masacres y atentados que encubre acusando a las víctimas sobrevivientes. Basta ver la denominada guerra del gas, Cochabamba (Urresti), el Porvenir en Pando, la Calancha, el Hotel Las Américas o Terrorismo en Santa Cruz, el atentado contra el Cardenal, Huanuni, Chapare, La Glorieta en Sucre, etc.

La libertad de prensa es un enunciado. El gobierno se ha apropiado de las principales redes y medios de comunicación y los que continúan en manos privadas sobreviven por la auto censura.

La división e independencia de poderes públicos es un cuento cruel. El poder legislativo es una célula de Morales. El poder judicial es el mecanismo de represión judicializada que ha criminalizado la política. Ya no hay independencia del Banco Central, de la Contraloría General, no ha fiscalización posible. Las Fuerzas

Armadas y la Policía están subordinadas al poder político. La corrupción es política de Estado.

Liquidaron la República de Bolivia para sustituirla por el "Estado plurinacional". Buscan terminar con la "nación boliviana" expresión del mestizaje y reemplazarla por el proyecto de confrontación castrista con 36 nacionalidades que ni los bolivianos conocen. En lugar de la unión promueven lucha de clases, etnias, regiones, generaciones, gremios… todas las políticamente manipulables.

En economía mantienen el modelo que califican como neoliberal, al que repudian a diario, pero que los sostiene. Su gestión estatizada y centralista no tiene futuro, apoyados en el incremento geométrico del narcotráfico y la corrupción. El jefe del gobierno es el "líder máximo de los cultivadores de cocal ilegal". El modelo económico en Bolivia es hoy el "neoliberalismo cocalero".

Así conducen a Bolivia, como su reloj: "al revés".

Bolivia: Aniversario sin República, independencia, ni democracia

CARLOS SÁNCHEZ BERZAÍN
Septiembre 7, 2014

Este 6 de Agosto, Bolivia ha conmemorado los 189 años de su declaración de independencia y nacimiento como república. Como paradoja, esto sucede en un momento de la historia en que por la naturaleza del régimen que la ha sometido, no es ni república ni es independiente.

Una república es la forma de gobierno electiva y popular caracterizada por la duración determinada de la representación o mandato, atribuciones limitadas y responsabilidades de todos sus órganos. Es la forma de "organización del Estado cuya máxima autoridad es elegida por el pueblo por un tiempo determinado". Una república es un Estado organizado para no tener monarca o un individuo con poder absoluto, es lo opuesto a la monarquía, porque en la república el soberano es el pueblo.

La destrucción de la República en Bolivia comenzó con la liquidación de su institucionalidad constitucional, con la denominada "agenda de octubre" formalizada entre Evo Morales y Carlos Mesa al día siguiente del derrocamiento del presidente Sánchez de Lozada, el año 2003. Buscaban una "constituyente" y para eso usaron el sofisma de una reforma constitucional promulgada por Carlos Mesa el 20 de febrero de 2004. No se trataba de una reforma sino del mecanismo forzado para violar el Art. 230 de la Constitución, que sólo permitía la reforma parcial de la Carta Fundamental. Falsearon la Constitución y sin competencia alguna introdujeron la "reforma total" por medio de la figura de "asamblea constituyente".

El líder de las federaciones de productores de coca Evo Morales asumió la presidencia de la República de Bolivia el 22 de enero de 2006, con mandato fijo e improrrogable de cinco años, sin posibilidad de reelección inmediata. El 2 de julio de 2006 realizaron elecciones de 255 miembros de la Asamblea Constituyente, en base a la alteración constitucional que el mismo Evo Morales había producido en su alianza con Mesa en la falsificación constitucional del 2004.

La Asamblea Constituyente se instaló el 6 de agosto de 2006, con competencia limitada a un año, con la obligación de sesionar en Sucre (la Capital de la República) y aprobar un nuevo texto constitucional por dos tercios de votos de los miembros presentes (que Morales no había logrado obtener en la elección de constituyentes). La Asamblea desenvolvió sus actividades bajo permanente presión de grupos violentos movilizados y sostenidos por el gobierno de Morales. El 3 de agosto de 2007 el Congreso con mayoría de Evo Morales en la Cámara de Diputados, y en acuerdo con Jorge Quiroga que controlaba el Senado, prologó las sesiones de la constituyente hasta el 14 de diciembre de 2007. Luego Morales produjo la "masacre de la Kalancha" contra el pueblo chuquisaqueño que protestaba contra la constituyente y trasladaron la asamblea a la ciudad de Oruro, desde donde remitieron un texto de proyecto constitucional.

En Congreso de 2007, Morales tenía mayoría y controlaba la Cámara de Diputados, pero en la Cámara de Senadores (de 27 miembros), 13 respondían a Jorge Quiroga y uno a Samuel Doria Medina; la oposición con 14 votos controlaba el Senado y podía impedir la suplantación Constitucional. Sin embargo negociaron la Ley 3941 promulgada por Morales el 21 de Octubre de 2008, e "interpretaron" el Art. 232 de la Constitución ya adulterada el 2004, estableciendo que: *"Concluido el proceso constituyente y recibida la propuesta constitucional, para ser sometida a consideración del pueblo soberano, el h. Congreso nacional podrá realizar los ajustes necesarios sobre la base de la voluntad popular y del interés nacional, por ley especial de congreso aprobada por dos tercios de votos de sus miembros presentes"*!!!!

De esta manera, no fue ni siquiera la ilegal Constituyente, sino una "comisión secreta" (confesada luego por sus componentes) y el Congreso Ordinario quienes asumieron el contenido de la constitución que liquida la República de Bolivia y que crea el Estado plurinacional. Texto de igual contenido político a las constituciones de Chávez en Venezuela, de Correa en Ecuador, y la reforma de Ortega en Nicaragua, redactada por los mismos "académicos" de Valencia (Viciano y otros), contratados por Chávez y Castro.

Así suplantaron la Constitución de la República de Bolivia y crearon su pseudolegalidad —que no es lícita ni legítima— para consolidar la dictadura de Evo Morales en Bolivia, subordinada al proyecto transnacional del Socialismo del siglo XXI. Seis años después, Morales tiene montado el fraude para ser re-reelecto por tercera vez y en el 189 aniversario de Bolivia no hay República, ni independencia, ni democracia.

Ejecución del fraude electoral en Bolivia

CARLOS SÁNCHEZ BERZAÍN
Septiembre 18, 2014

Las elecciones están señaladas en Bolivia para el 12 de octubre próximo. Son "elecciones sin democracia", se trata solamente de la "puesta en escena" de un proceso de simulación democrática que debe concluir con la reelección de Evo Morales, quien incluso ha señalado el porcentaje de votación con el que ganará. Los candidatos de oposición son "candidatos intimidados" y su acción esta reducida a lo que el candidato oficialista y su aparato quieren o le permiten hacer.

En las elecciones de Bolivia no existe ninguna condición para que este proceso sea reconocido como parte fundamental de la democracia. Para que un proceso electoral sea democrático debe ser "libre", "justo" y "basado en el sufragio universal y secreto como expresión de la soberanía del pueblo", como establece la Carta Democrática Interamericana y como reconoce la misma legislación electoral boliviana.

Las elecciones no son libres fundamentalmente porque potenciales candidatos de oposición están perseguidos, inhabilitados, presos o exiliados. Un país con presos políticos y exiliados políticos —a partir de la judicialización y la criminalización de la política— como es hoy Bolivia, no puede pretender ser una democracia haciendo elecciones digitadas solo para mantener indefinidamente en el poder a Evo Morales, cuyo respaldo popular real no pasa de un tercio de los votantes.

Además, el candidato oficialista ha puesto en aplicación el denominado "voto comunitario" que consiste en la coacción pública para que poblaciones enteras o barrios voten íntegramente por Evo Morales y su fórmula, ejerciendo presión y amenazas previas como la de dar "latigazos" y flagelar a quienes voten cruzado, como lo han hecho públicamente el diputado Gallego y los candidatos del gobierno. Ni la denuncia internacional de estos hechos desanima a la dictadura boliviana en su afán de presentarse como democracia.

No son elecciones justas porque Evo Morales está inhabilitado por su propia constitución política para ser candidato. La Constitución Política de la República de Bolivia prohíbe expresamente la reelección consecutiva del presidente de la República, pero ésta ha sido suplantada por la denominada constitución del Estado plurinacional que solo permite una reelección consecutiva. Ni con su propia constitución Evo Morales puede ser candidato presidencial este año, pero para habilitarse forzó una resolución del tribunal constitucional, (compuesto por miembros designados por él mismo) con el argumento que la primera elección de Evo Morales no cuenta porque se produjo antes de la existencia del Estado plurinacional, de donde la elección del 2014 resultaría la primera reelección. El Magistrado Cusi, miembro no firmante de la írrita resolución judicial, ha señalado la nulidad del fallo calificándolo de ilegal.

En el plano de la campaña electoral, Evo Morales tiene a su servicio todo el aparato, obras, publicidad, vehículos, aviones y medios del Estado. Los candidatos sólo pueden hacer propaganda electoral 30 días antes de la elección, pero Morales viene haciendo desde hace más de seis meses, incluyendo propaganda negativa, acusaciones y enjuiciamientos contra los opositores. El órgano electoral boliviano, totalmente al servicio del mandatario y su tercera reelección, no cesa de coaccionar y sancionar a los opositores y mostrar su permisividad con el oficialismo.

Los candidatos de la denominada oposición, resultan en verdad miembros de la resistencia democrática porque una característica fundamental de la oposición en democracia es la "posibilidad de acceder al poder" y estos candidatos no tienen ninguna posibilidad. Aun aceptando que hacen oposición, están "intimidados" y reducidos a lo que Evo Morales quiere, por lo que la agenda electoral no toca ningún tema que el dictador no permite, como por ejemplo el de los presos y exiliados políticos, o el de la corrupción.

Evo Morales no asistirá a ningún debate, pero hace campaña entregando obras, viajando en aviones, helicópteros y vehículos del Estado, con gran despliegue de prebenda.

La observación internacional del día de las elecciones no tiene ningún valor, porque ese día no hacen fraude, el fraude ya está hecho y está en ejecución. Son estos hechos los que deberían estar verificando los "observadores" de la OEA, UNASUR y otros organismos afines al socialismo del siglo XXI, que certificarán el mismo 12 de octubre la "transparencia" electoral y apoyarán la re-reelección del dictador boliviano.

Bolivia vota pero no elige

CARLOS SÁNCHEZ BERZAÍN
Octubre 9, 2014

En las elecciones generales de este domingo Bolivia vota pero no elige. Los votantes bolivianos depositarán su voto, en algunos casos expresarán formalmente una preferencia, pero en realidad no escogerán autoridades porque el resultado electoral está previamente determinado por el fraude preparado por Evo Morales y su Gobierno para "reelegirse indefinidamente", "controlar dos tercios de las cámaras de diputados y senadores" y "ganar en los nueve departamentos".

Fraude electoral es "cualquier acto de intervención ilícita en el proceso electoral con el fin de modificar los resultados reales"; es la "conducta que a través del engaño, la manipulación, la falsificación, la distorsión, el despojo, la elusión, la obstrucción, la violencia o cualquier acción u omisión, ejercidos en cualquier fase del proceso se busca afectar el resultado". Si además el fraude está institucionalizado para mantenerse indefinidamente en el poder, es la mejor demostración de que no existe democracia.

Los observadores internacionales aceptados por el Gobierno para esta elección deben responder ante la opinión pública boliviana y mundial, por lo menos sobre los aspectos siguientes:

1.- El oficialista Evo Morales está inhabilitado a ser "candidato por tercera vez" consecutiva por su propia Constitución del Estado plurinacional. ¿Emitirán opinión sobre este acto de fraude electoral?

2.- Evo Morales tiene "presos políticos y mantiene en el exilio a mas de mil bolivianos", (en Brasil, Paraguay, Estados Unidos, Perú y España), entre los que existen decenas de potenciales candidatos a presidente, senadores y diputados que están impedidos de postularse. De esta manera el candidato oficialista "ha seleccionado y elegido a sus opositores" ¿Puede llamarse democrática, libre y justa, una elección en un país con presos y exiliados políticos perseguidos por el Gobierno?

3.- El Tribunal Supremo Electoral constituido por Evo Morales con miembros de su dependencia, ha reemplazado las "cortes electorales imparciales" que fueron una conquista de la democracia. Órganos y funcionarios electorales constituidos por el Gobierno para asegurar su reelección, ¿pueden garantizar elecciones limpias e imparcialidad?

4.- Las "nuevas leyes electorales" dictadas por Morales y su Gobierno le han permitido modificar la estructura territorial de las circunscripciones y otras maniobras en su beneficio. ¿Se pronunciarán sobre esto los observadores?

5.- El Gobierno ha asumido control político total del sistema de identificación de los bolivianos y de manera inexplicable en esta elección "han aparecido mas de 500.000 nuevos votantes". ¿Han trabajado sobre este tema los observadores electorales?

6.- El Gobierno ha instituido y promueve -en las zonas rurales sobre todo- el denominado "voto comunitario", que es el sufragio total a favor del oficialismo con coacción de "latigazos" y otros hechos de violencia y amenazas. Existen declaraciones en la prensa y víctimas que prueban los hechos. ¿Pueden afirmar los observadores que en Bolivia hay "voto universal y secreto"?

7.- Evo Morales hace campaña desde hace más de un año con "bienes, servicios y equipos del Estado" y sigue haciéndola cuando legalmente ya está prohibida. ¿Los observadores afirmarán que hay igualdad, no hay engaño, no hay manipulación en el proceso?

8.- Evo Morales ha anunciado casi un año antes el porcentaje (70% o más) con el que ganará las elecciones y el resultado general (2/3 en senadores y diputados) y, por ejemplo, que ganará en Santa Cruz. ¿Interpretarán los observadores esta situación como parte de las facultades de adivinación del candidato, o investigarán el *iter criminis* electoral planificado y ejecutado para lograrlo?

Existen decenas de preguntas y temas más, pero de lo que se trata es que verdaderos observadores internacionales, la prensa, los defensores de la democracia, instituciones y ciudadanos en general, revisen estos y otros hechos que los conducirán irremediablemente a la conclusión de se trata de "elecciones sin democracia" porque ahora BOLIVIA VOTA PERO NO ELIGE.

Fraude y ejercicio dictatorial en Bolivia

CARLOS SÁNCHEZ BERZAÍN
Octubre 16, 2014

El fraude electoral previo, articulado e institucionalizado por Evo Morales para los comicios del domingo pasado en Bolivia no le ha resultado suficiente. Desde el momento mismo de la votación, el candidato oficialista y su aparato se han dado a la tarea de difundir noticias falsas, amenazar, encubrir actos delictivos y cometer fraude postelectoral, buscando imponer y consolidar lo que llaman triunfo electoral y que solamente es "la careta de democracia para un Gobierno dictatorial".

El Tribunal Supremo Electoral (TSE) que suplanta las "cortes electorales imparciales" y que ha sido establecido por la Constitución y las leyes aprobadas por el régimen de Evo Morales, está compuesto por siete miembros, seis de los cuales fueron elegidos por el Congreso (con control de 2/3 por Morales) y uno por el presidente (el mismo Morales). De esta forma Morales controla la totalidad del tribunal y de sus dependencias departamentales. Las leyes electorales del régimen han impuesto –entre otras prácticas no democráticas- el monopolio de la información para el TSE, violando la libertad de prensa y de información, de manera que nadie puede emitir resultados parciales, en boca de urna o datos que no sean los del Gobierno.

En este marco institucionalizado de fraude, el mismo día de las elecciones el TSE anunció un resultado del 90% de cómputo (que hasta hoy no ha realizado) y Evo Morales se autoproclamó ganador de las elecciones, dice que con mas del 60% de votos, control de 2/3 de las cámaras de Senadores y Diputados y ganador en ocho de los nueve departamentos, admitiendo su derrota en el Beni.

En su discurso del domingo de elecciones, Morales dedicó su triunfo "a Fidel Castro y Hugo Chávez y a todo Gobierno que luche contra el imperialismo". Preguntó "hasta cuando seguir sometido al imperio norteamericano y a un sistema capitalista?". Se jactó de haber sometido a los departamentos de la media luna (Santa Cruz, Beni, Pando, Tarija, Chuquisaca y Cochabamba) declarando que "ya no hay media luna, hay luna entera" y amenazó y atacó a sus oponentes. Todo esto sobre la falsedad de un "cómputo oficialista" que no está terminado y que da pruebas inequívocas de fraude.

Al día siguiente de la elección, Morales declaró a los medios de comunicación radial "Erbol y Fides administrados por los padres de la Iglesia Católica, los primeros enemigos de Evo Morales". Refiriéndose de la condición de "dictador" que ya se extiende, recodó que "cuando era dirigente cocalero lo acusaban de haber establecido una dictadura sindical" y que ahora sus detractores hablaban de "autoritarismo nacional", dictadura.

La constatación de fraude electoral está en todo el territorio nacional. En Cochabamba se constató que la página web del Tribunal publicó un cómputo cuando no se conocían ni se habían recibido las actas de votación. En Chuquisaca el conteo en la circunscripción uno avanzó hasta el 90% y fue retrocedido al 40%. En Tarija agregaron 14.505 votos a una mesa sin ese número de inscritos, para volcar los resultados a favor de Morales. En Santa Cruz se computaron actas con cantidades de votos por encima de los posibles, por ejemplo, de 239 inscritos computaron 400 votos a favor de Morales y mas de 540 votos para su candidato a diputado. En todo el país resultó común y reiterado el cómputo de más de 300 votos por acta cuando de acuerdo a ley ningún libro/acta puede tener más de 300 ciudadanos inscritos.

Frente a esto el TSE informó que "las malas sumas ocasionaron variación de resultados en su página web, sobre todo en Cochabamba y Chuquisaca!!?? Malas sumas que benefician a Morales y sus candidatos a diputados en el esfuerzo final por lograr los 2/3 en la Cámara de Diputados que hoy aún les falta, ya que sin este control no podrían cambiar la Constitución para la reelección indefinida de Morales, seguir dictando leyes retroactivas para perseguir a los opositores y encubrir la corrupción del Gobierno del estado plurinacional.

Las denuncias y las pruebas no cesan, pero Morales ya ganó el domingo, ya dijo cómo y por cuánto. Ahora solo falta que su TSE cumpla lo que ha dictado. Gracias al trabajo de la prensa no oficialista, a la que Morales ha declarado "sus primeros enemigos", las elecciones sin democracia se han puesto en evidencia y han servido para demostrar el fraude electoral y el ejercicio de la dictadura en Bolivia.

Elecciones para el dictador boliviano

CARLOS SÁNCHEZ BERZAÍN
Noviembre 5, 2014

La dictadura del siglo XXI en Bolivia está en campaña para llevar adelante elecciones el 12 de octubre de este año y re-reelegir a Evo Morales. Es la crónica de un fraude anunciado que pone en escena la comedia de la "simulación democrática". El proceso electoral en Bolivia se ha convertido en una sucesión de delitos y manipulaciones de franquicia del socialismo del siglo XXI y sus operadores locales. Tal como aconteció en Venezuela, el fraude para el candidato oficialista está en pleno desarrollo. Lo que estamos viendo y lo que vendrá, ratifica que Bolivia no vive en democracia.

Hay democracia cuando concurren -entre otros- los cinco elementos esenciales establecidos por la Carta Democrática Interamericana: "el respeto a los derechos humanos y la libertades fundamentales; el acceso al poder y su ejercicio con sujeción al estado de derecho; la celebración de elecciones periódicas, libres, justas y basadas en el sufragio universal y secreto como expresión de la soberanía del pueblo; el régimen plural de partidos y organizaciones políticas; y la separación e independencia de los poderes públicos".

Las elecciones en sí mismas no son democracia, son un elemento de la democracia si son limpias, si hay igualdad para candidatos y votantes, si el voto no es sometido a coacciones y no se manipula su sentido. Cuando las elecciones se usan para la "prórroga indefinida" en el poder, se convierten en un instrumento de la dictadura en lugar de un elemento de la democracia. Todos los países del socialismo del siglo XXI han hecho de las elecciones manipuladas el medio para sostenerse indefinidamente en el poder.

Las elecciones en Bolivia, están preparadas para que el dictador boliviano se reelija con un "masivo respaldo". Para eso, el primer acto de fraude ha sido la habilitación de Evo Morales como candidato, cuando su propia constitución del estado plurinacional prohíbe su reelección, pero como controla todos los poderes del Estado, su Tribunal Constitucional ha habilitado ilegalmente su candidatura.

Ahora aplican en Bolivia todas técnicas de fraude ya usadas en Venezuela y otros países del grupo: el control de la identificación personal y del registro de electores; la coacción a candidatos y electores; el traslado de ciudadanos; el control político del órgano electoral y de sus miembros nombrados por el candidato a ser reelegido; gastos extraordinarios en la campaña oficialista incluyendo recursos y bienes del Estado; ventaja ilegal en la publicidad de campaña; complicidad de los funcionarios electorales para encubrir el fraude electoral; ejecución de obras públicas concretas como medio de campaña; control de medios de comunicación; el denominado "voto comunitario" suplantando el voto secreto; manipulación de los sistemas de cómputo; soborno directo y con obras públicas o prebendas; el cambio del mapa electoral modificando las circunscripciones territoriales, y más…

Las elecciones en Bolivia se realizarán con múltiples candidaturas "de oposición" que el dictador Morales permite y que le convienen. Líderes y potenciales candidatos están exiliados, presos políticos o simplemente inhabilitados por la criminalización de la política a través del poder judicial que Morales también controla. Morales opera una oposición dividida, (las dictaduras crean y administran su propia oposición para simular democracia) por eso su Ministro de Gobierno denunció esta semana, que "la oposición pretende unirse" atribuyendo la "conspiración" al contenido del libro "La dictadura del siglo XXI en Bolivia".

El "Poder Electoral" de Evo Morales acaba de modificar las circunscripciones electorales en un nuevo "mapa electoral" -igual que en Venezuela- para ajustar el territorio a la conveniencia oficialista. Morales tiene hoy según encuestas un respaldo de cerca del 33% de la población boliviana, pero ha anunciado que ganará las elecciones con el 70% de votos. Así como van las cosas, seguro que lo hará porque son elecciones arregladas para el dictador boliviano.

La dictadura boliviana purga a sus magistrados

CARLOS SÁNCHEZ BERZAÍN
Diciembre 4, 2014

Los gobiernos del socialismo del siglo XXI en las Américas controlan todos los poderes públicos violando la división e independencia, que es elemento esencial de la democracia. Así convierten al poder judicial en mecanismo de represión y opresión. Cuando los jueces no responden a las instrucciones del Gobierno, son perseguidos violentamente. Es el caso de los magistrados del Tribunal Constitucional en Bolivia, Gualberto Cusi, Soraida Chávez y Ligia Velásquez, jueces del régimen de Evo Morales, ahora perseguidos, suspendidos y listos para ser condenados por el aparato del dictador boliviano.

Gualberto Cusi Mamani es un abogado boliviano de origen Aymará nacido en Jesús de Machaca, provincia Ingavi, del Departamento de La Paz. Es magistrado del Tribunal Constitucional Plurinacional (TCP), con el que Evo Morales reemplazó el Tribunal Constitucional de la República de Bolivia. Debe su nombramiento a Morales, pero cometió el "crimen" de declarar en septiembre de 2013 que "el fallo del Tribunal para la reelección de Evo Morales es inconstitucional, no debió disponerse la elección por tercera vez del presidente y vicepresidente". El magistrado oficialista afirmó que el Tribunal "dio una señal de una manipulación e injerencia política"

Evo Morales y su vicepresidente se favorecieron y usaron el fallo de "su Tribunal Constitucional" que no tomaba en cuenta el primer mandato de Morales, con el argumento que era anterior a la Constitución vigente y el nuevo "Estado plurinacional". De esa manera, Morales y García pudieron ser candidatos para re-reelegirse. Sin embargo, contra el magistrado Cusi las presiones fueron en aumento; Evo Morales y su régimen ordenaron su liquidación.

Cuando la Sala Segunda del (TCP), conformada por Gualberto Cusi y Soraida Chávez y Ligia Velásquez, admitió un recurso de inconstitucionalidad contra la Ley del Notariado y produjeron su paralización, "la institucionalidad dictatorial" encontró motivo, actuó e inició juicio de responsabilidades contra los tres magistrados. En el Senado, bajo total control oficialista, los acusaron, suspendieron de sus funciones, de sus derechos, ordenaron su aprehensión y tienen lista su condena. Una "purga" dictatorial para mantener la obediencia y obsecuencia de los jueces.

Purga es la "expulsión o eliminación de funcionarios o miembros de una organización, que se decreta por motivos políticos y que puede ir seguida de sanciones más graves". Esto es exactamente lo que Evo Morales y su vicepresidente están haciendo, eliminando a Gualberto Cusi y a los miembros de su sala por rebeldes, desobedientes y porque en lugar de acatar fiel y absolutamente sus órdenes, emitieron opiniones fundadas en la ley. Al parecer estos magistrados de la dictadura no entendieron que debían ser "absolutamente sometidos". La dictadura está dando además un buen ejemplo para el resto de los jueces de su sistema.

El asunto, sobre todo en el caso de Cusi, es que se trata realmente de un ciudadano boliviano de origen indígena, comprometido con el proyecto de Morales, creyó lo del cambio pero no sabía que era para peor. Cusi está enfermo y con la suspensión, destitución y condena no tendrá seguro médico: lo "están condenando a muerte", como el mismo ha reclamado.

Este es un caso más de persecución política y de violación de los derechos humanos por Evo Morales y su régimen, como sucede en cientos de casos en la misma Bolivia, Cuba, Venezuela, Ecuador y Nicaragua. El abuso y descaro llega al extremo que el vicepresidente del régimen boliviano ofreció esta semana que "si los magistrados renuncian, se acabaría el juicio de responsabilidades", porque ha puesto en marcha el proyecto de ley 044 de "juzgamiento de altas autoridades del Estado", que establece esta concesión (ofrece salida con una ley que ni siquiera está aprobada, confesando la maniobra).

Cuando se acusa desde el poder y no existe debido "proceso legal", no se respeta la "presunción de inocencia", en lugar de acusar con pruebas se sentencia previamente con "consigna política", no existe "juez imparcial", no se juzga con "leyes anteriores al hecho de la causa" y se violan todas las reglas básicas de la justicia, estamos frente a la "judicialización de la persecución política". Pero cuando, además, todo eso lo hace el Gobierno contra sus propios jueces, que trataron de aplicar sus leyes, estamos ante una "purga", que en el caso del magistrado Cusi representaría una "condena a muerte"… algo propio de las dictaduras, mientras las democracias del mundo no lo saben.

Evo Morales después de la derrota

CARLOS SÁNCHEZ BERZAÍN
Abril 4, 2015

El triunfo opositor sobre Evo Morales y su gobierno en las elecciones de gobernaciones y alcaldías de Bolivia, indica que el fraude electoral y la corrupción no son suficientes, que la dictadura pierde en sus elecciones sin democracia. Lo que ahora viene, es la concentración de la fuerza del gobierno en la imagen del caudillo cocalero, el reclutamiento forzado, la neutralización y/o la liquidación de los líderes emergentes. La derrota de Morales, lo hace más peligroso para los alcaldes y gobernadores que le han ganado la elección.

El domingo pasado los bolivianos votaron para elegir nueve gobernadores, 339 alcaldes, más de 270 asambleístas departamentales y casi 1.800 concejales. Evo Morales, seleccionó, designó, vetó, aprobó y proclamó sus candidatos, financió y organizó el aparato electoral desde el Estado, puso a todo el gobierno al servicio de sus delfines y personalmente lideró la campaña electoral.

Todas las elecciones que se hacen ahora en Bolivia —lo mismo que en Venezuela, Ecuador y Nicaragua— están montadas sobre el control absoluto que el gobierno tiene del proceso electoral. El fraude está diseñado e institucionalizado para que los candidatos oficialistas ganen. Es el sistema de "dictaduras electoralizadas" en que, en Bolivia y en los países del socialismo del siglo XXI, el régimen controla desde la identificación de los ciudadanos, el registro, la zonificación, las leyes y los órganos electorales, los gastos, la propaganda, los jueces e incluso los observadores internacionales. . Manipulan los resultados con el mismo sistema venezolano que le dio ilegal e ilegítimamente el gobierno a Nicolás Maduro.

En ejercicio del fraude institucionalizado excluyen a los candidatos de oposición que pueden resultar peligrosos, como sucedió en Bolivia donde cinco días antes de las elecciones el "Tribunal Supremo Electoral" de Morales inhabilitó 228 candidatos opositores, y además "canceló la personería de Unidad Demócrata", impidiendo la elección del seguro ganador de la gobernación del Beni.

En la campaña que Evo Morales hizo para sus candidatos, el mensaje principal fue que "en las regiones o municipios donde ganen los opositores no habrá recursos y ni Evo ni el gobierno trabajarán en las obras regionales y departamentales". Todos los funcionarios del régimen repitieron esta "coacción" convertida en "mensaje de campaña" que muestra al desnudo como no existen en Bolivia "elecciones libres, justas y basadas en el voto universal y secreto". Es un sistema en que el partido oficialista es el Estado y el Estado es del caudillo.

Pese al fraude y a la coacción, Morales fue derrotado, perdiendo la mayoría de las principales alcaldías y de las gobernaciones. Se justificó confesando que "el pueblo ha dado el voto de castigo a la corrupción", o sea a sus candidatos, a su gobierno, al propio Evo Morales. Aunque el pueblo boliviano y la opinión pública internacional ya sospechaban y denunciaban esto, es patética tan contundente confesión del jefe de la corrupción.

Ahora concentrarán todo el proceso en Evo Morales, como imprescindible e insustituible y no tardarán en promover y aprobar la "reelección presidencial indefinida". Con el discurso de la corrupción ejecutarán la purga de sus candidatos perdedores. Sobre los opositores que les han ganado, incrementarán el nivel de peligrosidad del régimen que procederá contra ellos para reclutarlos forzosamente, para amedrentarlos, o para anular su liderazgo (como sucedió con los seis gobernadores opositores del 2008, de los que tres están coaccionados, dos exiliados y uno preso, luego de masacres, corrupción judicial, asesinato de la reputación, extorsiones, centenas de presos políticos y exiliados y persecuciones que aún persisten).

La emergencia de nuevos líderes locales y regionales en Bolivia, su valentía, apego a la libertad y valores democráticos, han demostrado que aún con fraude, coacción y corrupción, Evo Morales y su régimen pueden ser combatidos y puestos en evidencia. Lo sucedido es un llamado a que los gobiernos y fuerzas democráticas de las Américas y del mundo, se interesen en cuidar a los líderes emergentes para que no sean agregados a la larga lista de víctimas de la dictadura del socialismo del siglo XXI en Bolivia, que yacen muertos, perseguidos, presos y exiliados.

Prensa libre internacional
para evitar el fraude en Bolivia

CARLOS SÁNCHEZ BERZAÍN
Enero 1, 2016

El socialismo del siglo XXI y su factor Evo Morales utilizan el referéndum del 21 de febrero (21F) en Bolivia como escenario para mostrar que el derrumbe de su modelo antihistórico y antipopular —derrotado el 2015— puede ser al menos demorado. El declinante proyecto castro-chavista necesita con urgencia un triunfo en Bolivia con el "Sí" dictatorial. El pueblo boliviano está por el "No" al abuso, a la corrupción, la impunidad, el narcotráfico, la violación de la libertad de expresión y de prensa, la existencia de presos y exiliados políticos, en suma "No" a la ausencia de estado de derecho y democracia. Bolivia quiere que Morales deje el gobierno y rinda cuentas. A cinco semanas del 21F el "No" gana ampliamente, pero el dictador cocalero usa la amenaza, el miedo, la represión, la corrupción y el fraude para simular un resultado a su favor. El pueblo boliviano necesita —ahora— el seguimiento de la prensa libre internacional para verificar y evitar el fraude.

El sistema electoral boliviano es sólo una tecla del poder total de Evo Morales. Ha sido construido para aplicar el concepto que "elecciones son democracia" y que "el jefe siempre gana las elecciones". En Bolivia, como todos los países del socialismo del siglo XXI, el sistema de identidad personal ha sido modificado y está bajo control del Gobierno, el mapa electoral cambia para organizar distritos favorables al régimen, líderes políticos y cívicos están presos o exiliados por la persecución judicializada y se busca su muerte civil. El dictador del dinero ilimitado, cuyas fuentes no explica y usa arbitrariamente los recursos y bienes del estado, ha aprobado leyes electorales infames que limitan la campaña de la oposición, rompe sus propias normas, y finalmente ¡"hace campaña con miembros de su tribunal electoral"!

Haciendo paralelismo con el fútbol, en Bolivia se sabe que Evo Morales en elecciones y en campaña por el "Sí", es dueño de la cancha de juego, de la pelota, de los medios y periodistas que transmiten el partido, tiene comprados los árbitros que incluso juegan a su favor, patea, inhabilita y saca de la cancha a los adversarios, manipula algunos jugadores del equipo contrario, tiene amenazado al público, controla los veedores internacionales, tiene amarrado el resultado a su favor. No existe ningún elemento de elecciones "libres, justas y basadas en el sufragio universal y secreto como expresión de la soberanía del pueblo". Lo maneja todo, pero en el 21F Morales y su gobierno están en evidencia, ya no pueden tapar la corrupción ni el fracaso del modelo estatista y centralista, ni su dependencia de la transnacional fundada por Chávez, no engañan más respecto a su rol y al narcotráfico. El pueblo sufre sus abusos y prepotencia, pero ya no sirve el discurso de acusar a los gobiernos o líderes políticos a los que Morales ha victimado; la prebenda ya no alcanza, el discurso antiimperialista está deteriorado, ya no le creen la farsa del indigenismo, ni de ser de izquierda… ¡el dictador está desnudo!

La campaña de Morales, como las de Maduro, Kirchner, Correa, Ortega, está fundada en el miedo. Amenaza a las comunidades con obras o beneficios como si los recursos fueran de su bolsillo. Atemoriza a los ciudadanos diciendo que al perder el "Sí" viene la crisis, cuando lo que en verdad hace con el referéndum —anticipado cuatro años a la próxima elección— es tratar de amarrarse antes de que la crisis económica que ya existe se agudice (según sus propios datos el gobierno de Bolivia sufrió un descenso de $2.068 millones en reservas el 2015). Presiona a líderes regionales, cívicos y políticos cuando van por el "No". Reinició una investigación sobre gastos reservados contra Quiroga y Mesa que declararon por el "No". Mandó abrir dos nuevos juicios contra Sánchez de Lozada y Sánchez Berzaín, a quienes acusa dirigir la campaña del "No". También reactivó la persecución contra los exgobernadores de Chuquisaca, Sabina Cuellar, y de Cochabamba, Reyes Villa. Ha acuñado la señal que quien no se calla o no apoya el "Sí", será perseguido, despedido y criminalizado, y nada de esto es noticia.

Morales por medio de su presidente del Senado ha llegado al extremo de que se presenten documentos falsificados denunciando a instituciones prodemocracia de los Estados Unidos acusándolas de elaborar un "plan estratégico para Bolivia" extraordinariamente igual los del servicio de inteligencia cubano en el "asesinato de la reputación" de personas e instituciones. La cobertura de noticias debe ser a favor del oficialismo, los líderes, exiliados o presos no pueden tener cobertura, y si sucede debe ser sólo para discutir la agenda de falsas acusaciones con las que el Gobierno los persigue y como amenaza a la ciudadanía. Una intensa campaña de imagen de Evo Morales en el exterior, con rótulos de "exitoso, indígena y demócrata", con gastos millonarios de relaciones públicas y de lobby que no se revelan, completa el escenario.

"La campaña por el 'No' es una causa ciudadana por Bolivia, no tiene jefes, es de todos los bolivianos que luchamos por el retorno del Estado de Derecho y la democracia". El "No" son cientos, miles, millones de campañas, casi cada boliviano hace su campaña por el "No", amenazado por las acciones estalinistas de Evo Morales.

Por eso es urgente que la prensa libre internacional mire a Bolivia, para que más allá de los grandes intereses económicos y cuentas que mueven los regímenes de Cuba, Venezuela, Ecuador, Nicaragua y otros para continuar con la farsa, se sepa la verdad y se garantice a los bolivianos que su voto no será falsificado y que los gobiernos en Bolivia vuelvan a tener fecha de retiro y obligación de rendir cuentas.

EL CASTROCHAVISMO BUSCA DESTROZAR LA REVOLUCION NACIONAL BOLIVIANA

Carta al MNR

Pinecrest, Estados Unidos, 7 de Junio de 2008

Compañeros
Jefa Nacional
Comité Ejecutivo Nacional y Militancia del MOVIMIENTO
NACIONALISTA REVOLUCIONARIO
República de BOLIVIA.

Compañeros:

Han pasado más de cuatro años y medio desde que el 17 de Octubre de 2003 un proyecto sedicioso que hoy gobierna el país, logró el derrocamiento del gobierno del Movimiento Nacionalista Revolucionario presidido por el c. Gonzalo Sánchez de Lozada.

Los hechos de Septiembre y Octubre de 2003 son sin duda un capítulo pendiente en la historia política del Bolivia, del MNR y del proceso de liberación del pueblo boliviano que inició nuestro partido el 9 de Abril de 1952. Por eso mismo no podemos aceptar la infamante historia oficialista que los conspiradores y traidores, con Evo Morales como principal responsable, tratan de imponer al país y a la comunidad internacional, aprovechando el derrocamiento, el exilio y amedrentamiento de nuestros dirigentes, la desorganización de nuestra estructura y la lógica desmoralización de nuestra militancia.

Como el 4 de Noviembre de 1964 cuando fue derrocado el c. Víctor Paz Estensoro, el 17 de Octubre de 2003 marca una fecha de culminación de un proceso de sedición, conspiración y traición, que solo años más tarde a la luz de los propios actos de los conspiradores y traidores se pueden esclarecer; que solo terminan perjudicando el desarrollo patrio y las conquistas de los sectores populares, que por un tiempo viven engañados y le vuelven la espalda al único proceso revolucionario y de construcción nacional que encarna el MNR. La Patria, el Partido y cada uno de los ciudadanos bolivianos hemos tenido que pasar y atravesamos ahora momentos críticos en el orden nacional, institucional, familiar y personal. Como consecuencia de la ruptura democrática de Octubre de 2003, Bolivia ha caído en manos de un movimiento dirigido por un caudillo cocalero violento que ha convertido a nuestro país en un Estado intervenido, con una democracia acotada y reducida cada día más. El derrocamiento de nuestro gobierno fue preparado, propiciado y ejecutado por intereses externos, desde Venezuela, Cuba y otros centros extranjeros, con el concurso de elementos nacionales que aprovecharon la situación de debilidad —que por razones que deben ser objeto de un análisis auto critico oportuno— sufría nuestro gobierno.

Los subversores del orden democrático empezaron por desprestigiar y destrozar el sistema de partidos políticos, con el propósito de instalar en el país un régimen totalitario en base a concepciones ideológicas que están históricamente derrotadas y que han llevado ya a otros países por el camino de la pobreza y la desesperanza; que han llevado a Bolivia a la situación de crisis de Estado, crisis de Nación, crisis de la Sociedad Civil y crisis de unidad nacional en las que se debate. Pero no hemos tocado fondo, ya que las acciones económicas del actual gobierno terminarán por llevar a los bolivianos a una crisis económica de imprevisibles consecuencias: basta ver que el pan cuando nos derrocaron costaba 20 centavos de boliviano y hoy vale más del triple de precio, sino se quieren ver indicadores como la confrontación entre los ciudadanos bolivianos, la inversión externa, la deuda interna publica o la confianza de la comunidad internacional en el país.

Los derrocadores de Octubre de 2003, hoy en gobierno, sus coautores, cómplices y sus aliados internos y externos, y los traidores, tienen la necesidad histórica de mostrarnos como responsables de los hechos que ellos mismos propiciaron deliberadamente y de los delitos que cometieron. Si no logran este propósito, sus crímenes quedaran en evidencia y deberán responder por ellos. Por eso han desatado desde el día siguiente mismo de la ruptura democrática, un proceso de persecución política contra el c. Sánchez de Lozada y contra quienes fuimos miembros del gabinete como Ministros de Estado. Para eso comenzaron por hacerse beneficiarios de un "decreto de amnistía" que impide desde el origen una investigación veraz de los hechos, pues no se puede dejar al margen a los perpetradores e iniciadores de la violencia y buscar juzgar solo a quienes desde el gobierno teníamos la obligación constitucional de defender la democracia, el orden público y la ciudadanía. Una amnistía es un perdón de delitos y no se perdona a inocentes, de manera que tal decreto de amnistía es —entre otros— un acto de confesión. Los responsables son ahora acusadores, autoridades, fiscales, juzgadores, investigadores y promotores del denominado juicio de responsabilidades con el que quienes estamos en el exilio no hemos sido siquiera legalmente notificados.

En lugar de promover un debido proceso legal, se viola el Art. 14 de la CPE y se nos pretende "juzgar por jueces deliberadamente designados —por nuestros acusadores— con posterioridad a los hechos", solo para formalizar una condena que ya se encuentra establecida. Se desconoce la "presunción de inocencia" que además de estar consagrada por el Art. 16 de la CPE es un derecho universal fundamental. Se desconoce la obligatoria "igualdad jurídica de las partes" y se pretende un linchamiento judicial, sino físico, con los denominados "movimientos sociales" que son solamente los grupos paramilitares del actual régimen, que además de participar en los hechos delictivos de septiembre y octubre de 2003, han llenado de violencia y de sangre al país durante todo el tiempo de nuestra forzada ausencia del territorio patrio.

En estas circunstancias, el día en que recordamos la fundación del MNR, me dirijo a Uds.

confiado en que el espíritu revolucionario de nuestros fundadores que conocieron la adversidad y el exilio —pues fueron víctimas de la infamia, la ingratitud, la traición y la persecución políticas— nos guíe en el camino de la defensa de Bolivia y de la Nación boliviana. Es mi sincero deseo que las conquistas de la Revolución Nacional —el Voto Universal y la Reforma Agraria, la Nueva Política Económica y la derrota de la hiperinflación, la Participación Popular, el Bonosol, el Seguro Universal Materno Infantil y tantas otras medidas revolucionarias de las que el MNR es autor— nos inspiren y den fortaleza para luchar democráticamente en este duro tiempo de vicisitudes y para brindar al pueblo de Bolivia una opción de futuro con libertad, empleo y democracia. En Octubre de 2003 fuimos traicionados y derrocados, pero no vencidos.

Desde el exilio,
Carlos Sánchez Berzaín

La revolución nacional boliviana

CARLOS SÁNCHEZ BERZAÍN
Abril 10, 2015

Se cumplen 63 años de la revolución nacional boliviana del 9 de abril de 1952, conducida por Víctor Paz Estensoro, Hernán Siles Suazo, Juan Lechín Oquendo, Carlos Montenegro, Ñuflo Chávez y el Movimiento Nacionalista Revolucionario (MNR), que propició la construcción de la nación boliviana. Este proceso de "liberación del pueblo boliviano a través de la alianza de clases" está hoy interrumpido por el proyecto contrarrevolucionario y antinacional ejecutado por Evo Morales.

Antes de la revolución nacional, Bolivia era un país con una población 70% rural, campesina, indígena, excluida y analfabeta. El MNR estableció y ejecutó el "voto universal", dando lugar a la democracia con la incorporación de toda la población indígena, campesina, mujeres y sectores excluidos; la "reforma agraria" bajo el concepto de que la tierra es para quien la trabaja, convirtiendo a los campesinos e indígenas en propietarios; la "nacionalización de las minas" para establecer independencia económica; la "reforma educativa" para la formación del boliviano en una escuela única y obligatoria; la diversificación económica para incorporar el Oriente (hoy la primera zona en importancia económica) a la economía nacional.

Así, con libertad, democracia, derecho propietario, educación obligatoria, luchando por la independencia económica y con la participación de todos los sectores del país, se empezó a construir la nación boliviana. Las mujeres, el campesino, el indígena, el siervo rural, el ciudadano, el obrero, el profesional, todos los nacidos en el territorio nacional, se convirtieron en bolivianos iguales en un Estado de Derecho, reconociendo un mismo origen en el mestizaje, con unidad en la diversidad. La "alianza de clases" es la doctrina con que el MNR combatió la "lucha de clases" planteada por el marxismo.

Con el MNR derrocado en 1964, el proceso de la revolución nacional fue deformado, demorado, se cambiaron denominaciones y actores, pero nunca fue interrumpido. Cuando Paz Estensoro volvió a la presidencia en 1985, puso en marcha una segunda etapa de la revolución con la "terminando la hiperinflación", con la "nueva política económica", con la "lucha contra el narcotráfico" y con otras medidas precedidas de su histórico concepto "la Patria se nos muere".

El año 1993, con la presidencia de Gonzalo Sánchez de Lozada, en la tercera etapa de la revolución nacional, el NMR estableció y ejecutó el "bonosol", una pensión vitalicia para todos los bolivianos mayores de 65 años con recursos de la "capitalización social"; la "participación popular" que organizó al país en 329 municipios, asignó el 20% del presupuesto de la nación que, dividido por el número de habitantes del país, da un factor que multiplicado por el número de habitantes de cada municipio les abona fondos directamente, permitiendo más participación democrática, obras y servicios; el "seguro universal materno infantil"; la segunda "reforma educativa"; la "reforma constitucional" con voto a los 18 años, circunscripciones uninominales, descentralización administrativa, etc. El fortalecimiento del proceso fue interrumpido con el derrocamiento del año 2003.

Todas las medidas de la revolución nacional están vivas, les han cambiado nombres, las han debilitado, pero no las han podido liquidar. La traición al proceso de liberación nacional en

Bolivia ha sido dada por la acción política de Evo Morales, aplicando la ideología del eje La Habana-Caracas. Han liquidado la "República de Bolivia", sustituyéndola por el "Estado plurinacional"; reemplazado la alianza de clases por la lucha de clases y por cuanta confrontación pueden alentar y propiciar; pretendiendo destrozar la consolidación de la "nación boliviana" con "36 nacionalidades"; terminando con la democracia y estableciendo un gobierno más de las dictaduras del socialismo del siglo XXI.

Evo Morales busca liquidar la revolución nacional boliviana para sustituirla por los fracasados postulados de la revolución castrista. La revolución nacional boliviana es patrimonio del pueblo boliviano, ofrece extraordinarios resultados frente al castrismo. Los desafíos de hoy en Bolivia son el retorno a la democracia y al proceso de consolidación de la "nación boliviana", única, mestiza, diversa pero unida, con una alianza nacional para restituir el Estado de Derecho en una patria sin perseguidos, exiliados ni presos políticos.

La crisis desnuda el milagro económico

CARLOS SÁNCHEZ BERZAÍN
Agosto 11, 2015

Voceros oficiales y oficiosos del régimen en Bolivia pretenden sostener la apariencia de estabilidad y desarrollo en la economía, que ha sido incluso calificada de "milagro", cuando lo cierto es que el gobierno de Evo Morales lleva al país a una crisis económica inevitable, cuyos síntomas ya se sienten. Es el resultado de un gobierno centralista, estatista, corrupto, populista y dictatorial que ha dilapidado los beneficios de una cosecha que no sembró y despilfarrado los extraordinarios precios internacionales que ya pasaron. Ahora la crisis desnuda el publicitado milagro económico de Evo Morales.

La herencia que recibió Evo Morales de los gobiernos democráticos, se ha terminado. Encontró un país con las inversiones hechas para garantizar el suministro de gas natural al Brasil y al mercado interno y recibió un contrato de compra-venta de gas renegociado con mejor precio y mayores volúmenes. El show de la nacionalización petrolera de Morales, únicamente dispuso una participación mayor para el Estado en ciertos campos y por solo 180 días. Generó falta de inversión en el sector petrolero por lo que luego dictó una seguidilla de incentivos a las petroleras, tanto que el Centro de Estudios y Documentación Latinoamericanos CEDLA afirma que las facilidades de Evo Morales a las empresas petroleras son más generosas que las de la ley de hidrocarburos de la capitalización (la dictadura acaba de amenazar con cerrar esta entidad de clara tendencia progresista). Con los precios del petróleo de los últimos años, los impuestos de la capitalización habrían generado más recursos para Bolivia que los que el gobierno recauda hoy.

En los 7 años posteriores a la capitalización de YPFB se perforaron 160 pozos exploratorios y en los casi 10 años de gobierno de Morales se han perforado solo 39. Por eso Bolivia reduce sus reservas y no tiene gas sino para 10 años, lo que ahora se expresa en el avasallamiento del régimen a los parques nacionales y los territorios indígenas para favorecer a las petroleras. La inversión en minería ha sido insignificante, mientras que Chile y Perú, que tienen quizás más pobre geología que la boliviana, han captado miles de millones de dólares en todos los años del boom de precios de los minerales. Bolivia no ha cambiado su condición de exportadora de recursos naturales y de materias primas, no se ha sembrado el gas, solamente se lo han gastado.

Cuando Morales asumió el poder la deuda externa de Bolivia era prácticamente cero, con leyes de impuestos y de coparticipación tributaria que sostenían la Participación Popular, descentralizando el Estado y municipalizando el territorio nacional. Los recursos de coparticipación han sido estrangulados por el gobierno para frenar el gasto descentralizado y las autonomías y generar -con los recursos indebidamente retenidos- un superávit fiscal irreal, que ya no existe, por el gigantesco incremento del gasto del gobierno central que se ha apropiado de esos fondos y los ha gastado.

El gobierno ha estatizado los fondos de pensiones, cobra un impuesto a las pensiones y saca créditos millonarios del Banco Central para sus gastos. Violando la ley ha disparado la deuda interna pública que es hoy la más grande de la historia de Bolivia. El Banco Central ha dejado de ser una entidad independiente, lo mismo que la Contraloría General.

El único milagro de las dictaduras del socialismo del siglo XXI es convertir países ricos en pobres. En Bolivia se sigue un proceso calcado al de Argentina. Comenzó con auge por los precios de las exportaciones, estatizó los hidrocarburos, estatizó (confiscó) los recursos de las pensiones de los trabajadores, obligó al Banco Central a prestarle dinero y alentó el gasto público en obras plagadas de corrupción y sin evaluación que las justifique. Ahora que se acaba el boom comienzan los déficits y los conflictos sociales que el gobierno tratará de aplacar con más gastos hasta que se terminen las reservas (ya comprometidas), para lo que no falta mucho tiempo. La caída de precios internacionales se agrava con el régimen de tipo de cambio fijo que incentiva las importaciones y el contrabando, liquida al sector exportador y la producción nacional. Cuando se corrija el atraso cambiario habrá una corrida contra la moneda nacional. Argentina es el camino, Cuba y Venezuela el destino de este modelo, como ya confesó Evo Morales en su discurso del 6 de agosto.

Sin transparencia, sin fiscalización, sin rendición de cuentas, la impunidad es la regla. La represión, el control de prensa, el despido de periodistas es imprescindibles para que Evo Morales sostenga su propaganda de milagro y prepare la escena para culpar de la crisis al imperialismo, al capitalismo, a la libertad, o a la democracia que derrocó. Es la crisis… el supuesto milagro económico está desnudo.

No a Evo Morales y la dictadura en Bolivia

CARLOS SÁNCHEZ BERZAÍN
Noviembre 19, 2015

La suplantación constitucional, la ausencia de estado de derecho y la violación permanente de los derechos y libertades fundamentales en Bolivia se expresan ahora con la última maniobra del socialismo del siglo XXI el país, al llevar a referéndum la reelección indefinida de Evo Morales, para que -simulando democracia- se perpetúe en el poder, igualando a los regímenes vigentes de Venezuela, Nicaragua y el proyecto en curso de Ecuador. La estrategia del castrismo que controla al gobernante boliviano, ha tomado para Evo Morales el "si" dejando la siempre dificultosa opción comunicacional y política del "NO" al pueblo boliviano. Es tiempo de decirle NO A EVO MORALES Y A LA DICTADURA EN BOLIVIA.

Hay quienes en Bolivia siempre le dijimos y le decimos NO a Evo Morales:

-NO con el pueblo y el gobierno democrático derrotando a Evo Morales, que como dirigente cocalero controlaba como territorio propio el trópico de Cochabamba, y pretendía en 1994 instalar guerrillas vinculadas al castrismo y al narcotráfico reproduciendo el modelo de las FARC.

-NO cuando Evo Morales era autor de masacres y enfrentamientos con centenares de víctimas, entre 1994 y 2001, hasta que a fines del 2001, en el gobierno de Jorge Quiroga, liderando la indignación nacional y como Jefe de la Oposición Parlamentaria pedí y logré su expulsión de diputado para que sea juzgado penalmente por los crímenes cometidos en la masacre de Sacaba contra conscriptos heridos, victimados en el asalto que Evo ordenó contra las ambulancias sin escolta en que eran evacuados. El juicio no prosperó por un "arreglo político" con el gobierno de Quiroga .

-NO cuando Evo Morales en 2003 –empezando en enero y terminando en octubre- promovió y lideró hechos de violencia y masacres con la intervención armada de sicarios extranjeros como sus aliados, para el derrocamiento del Presidente Sánchez de Lozada, que con la traición de Carlos Mesa fue obligado a dejar el poder. Quienes equivocadamente creyeron que derrocado el Presidente Constitucional podían ocupar su espacio, el de los dirigentes nacionales forzados al exilio y el de su partido, simplemente terminaron convirtiéndose —más pronto que tarde— en víctimas o en cómplices del proyecto dictatorial que quiere a Evo Morales indefinidamente en el poder.

-NO cuando Evo Morales ya como jefe de gobierno suplantó la Constitución Política de la República de Bolivia por la del "estado plurinacional", luego de haber vencido el plazo de la constituyente (ilegalmente convocada), después de la masacre de La Calancha en Sucre. El texto de la constitución de Evo Morales no es el remitido desde Oruro por la ya incompetente constituyente, es un "texto negociado" con Jorge Quiroga y Samuel Doria Medina que con sus bancadas parlamentarias junto con el hoy dictador aprobaron la ley 3941 de 21 de octubre de 2008 por la que establecen que *concluido el proceso constituyente y recibida la propuesta constitucional, para ser sometida a consideración del pueblo soberano, el H. Congreso Nacional podrá realizar los ajustes necesarios… por dos tercios de votos de sus miembros presentes".* La actual constitución no es la de Oruro, es la de la comisión de Evo Morales con la oposición de entonces y con los asesores de

Valencia-España contratados por Hugo Chávez; es la que permite todas las maniobras para la reelección indefinida, y fue "aprobada por negociación" cuando de los 27 miembros del Senado Nacional, Jorge Quiroga tenía 13 y Samuel Doria Medina 1, esto es la mayoría sin la que la suplantación constitucional era imposible. Sin este cambio de constitución Evo Morales no era reelegible ni por una vez y ya debió haber dejado el gobierno.

-NO cuando Evo Morales, contra el sentimiento de 6 de 9 departamentos y de la mayoría del pueblo boliviano, hizo campaña y fraude electoral para el referéndum de aprobación de la "prefabricada" constitución del "estado plurinacional" para el 25 de enero de 2009, luego de las masacres de Cochabamba, del Hotel las Américas, del Porvenir en Pando y otras con las que persiguió, encarceló y exilió a los gobernadores y opositores. Hay que recordar quienes equivocadamente proclamaron el texto de la suplantación constitucional como el de la "unidad nacional"!!

-NO cuando violando su constitución y con el prevaricato de su Tribunal Constitucional Evo Morales se habilitó como candidato a una tercera reelección en 2014, violando el "acuerdo político" reclamado ante la OEA por Jorge Quiroga que motivó la carta del Secretario de Asuntos Políticos de la OEA (luego desautorizado por Insulza) que expresaba: "el tema de la inclusión del periodo que en ese momento servía el presidente Evo Morales, fue parte de la negociación, mencionado por todas las partes".

-NO, NO y NO, ahora, frente a la maniobra de consolidación dictatorial en el referéndum del 21 de febrero de 2016 y al fraude que ya está preparado. No es una cuestión ideológica o partidista, no es siquiera una acción de oposición, es un NO vital para terminar con la dictadura transnacional del socialismo del siglo XXI en Bolivia, que conduce al país a la crisis por el rumbo de un narcoestado. Un NO para recuperar la libertad de prensa, para terminar con las amenazas y el miedo. Es un NO contra la corrupción, los nuevos ricos, contra la impunidad. Es un NO sin jefes ni caciques, para terminar con los presos políticos, perseguidos y exiliados. Se trata de principios y valores, de libertad y democracia, al margen de ideologías, partidos, intereses, antipatías o cicatrices del pasado.

La contrarrevolución de Evo Morales

CARLOS SÁNCHEZ BERZAÍN
Abril 11, 2016

Para construir la "nación boliviana" buscando la "liberación del pueblo boliviano" mediante la "alianza de clases", el Movimiento Nacionalista Revolucionario (MNR) inició la "Revolución Nacional" el 9 de abril de 1952, que estableció como medidas fundamentales el "voto universal" (iguales derechos políticos a todos los hombres y mujeres para que sean "ciudadanos"), la "reforma agraria" (que esos ciudadanos sean "propietarios"), la "nacionalización de las minas" (estado nacional" e "independencia económica) y la "reforma educativa" (acabar con el analfabetismo y educación para todos). La Revolución Nacional Boliviana está siendo desmantelada por la "contrarrevolución de Evo Morales".

La "nación boliviana" es la gran meta de reunir en una sólida identidad política y sociológica a todos los habitantes de Bolivia por el mismo origen territorial y como resultado de un proceso de mestizaje de mas de 500 años, forjar una identidad en función de los vínculos culturales, de lengua, costumbres, religión y la historia común, de manera que la nación como base social de estado coincida con éste por el sentimiento de Patria. La "liberación del pueblo boliviano" es el objetivo permanente por el que los habitantes empoderados como ciudadanos deben tener libre determinación y oportunidades en democracia y estado de derecho; y la "alianza de clases" es el planteamiento ideológico de unidad de los bolivianos en contraposición a la "lucha de clases" planteada por los movimientos marxistas que buscaban e insisten en "internacionalizar" la lucha.

Con el voto universal (21 de julio de 1952) se otorgó el derecho a las mujeres, indígenas, analfabetos, a todos los bolivianos, reconociendo igualdad y ciudadanía. Antes de la reforma agraria (2 de agosto de 1953) en Bolivia el 4,5% de la población era propietaria del 70% de la tierra agrícola, con un sistema de servidumbres personales, el 40% de las importaciones del país eran de alimentos. Sólo el 25% de la población cursaba estudios primarios y el 68% eran analfabetos, por lo que se hizo la Reforma Educativa (1953-1955). Un país cuyos dos tercios de su población era rural, marginada, sin educación, sin propiedad y sin futuro. En transformar eso consistió el "cambio profundo de las estructuras políticas y socioeconómicas de la comunidad nacional" que es la Revolución Nacional boliviana.

La Revolución marcó una política de estado sólo alterada por momentos que la guerra fría produjo en la política nacional. En 1985, Bolivia llegó a una inflación del 20.560% (veinte mil quinientos sesenta por ciento) y el presidente Víctor Paz Estenssoro puso en marcha la "segunda etapa de la Revolución Nacional", frenando la hiperinflación con la nueva política económica e iniciando la lucha contra el narcotráfico. De 1993 a 1997 y de 2002 a 2003 el presidente Gonzalo Sánchez de Lozada lideró la "tercera etapa de la Revolución Nacional" con la "participación popular" (más que descentralización municipal con asignación directa de recursos para democratizar el poder), una nueva "reforma educativa", la "capitalización social" (aumento de capital por inversionistas privados en las empresas estatales y transferencia de la parte estatal al pueblo boliviano), el "bonosol" (renta anual vitalicia para todos los bolivianos a partir de sus 65 años), el "seguro universal materno infantil" (servicio médico igualitario y gratuito para todas las mujeres embarazadas y para los niños), exitosa "lucha contra el narcotráfico" (erradicación de coca ilegal, desarrollo alternativo y combate al crimen), "institucionalización" (Banco Central y sistema regulatorio independientes), y muchas medidas más.

Un proceso político transnacional —imperceptible al principio y subestimado luego— nació de la alianza el dinero venezolano malversado por Hugo Chávez y la dictadura de Fidel Castro. Recrearon el foquismo de los sesenta mutándolo en populismo electoral izado, aprovecharon la crisis económica regional de principios de siglo, se expandieron por la región y llegaron a tomar control de Bolivia con su operador Evo Morales, quien pese a ser beneficiario directo de la Revolución Nacional como boliviano mestizo cocalero, se hizo enemigo de la liberación del pueblo boliviano por la agenda de Castro y Chávez y por su condición de "líder máximo y perpetuo de los cultivadores de coca ilegal del Trópico de Cochabamba" integrados a la producción de cocaína.

Contrarrevolucionario es quien "intenta revertir total o parcialmente los resultados de una revolución". Evo Morales es jefe de la contrarrevolución en Bolivia: ha liquidado la República por el "estado plurinacional"; desconoce la "nación boliviana" suplantándola por lo plurinacional con más de 30 naciones con fines de división; destruye la nación boliviana con enfrentamientos, ampliando la lucha de clases a la lucha de razas (es racista), de regiones, de géneros, de generaciones, de gremios; ha intervenido la educación boliviana con cubanos, arrogándose falsamente la meta ya lograda antes de acabar con el analfabetismo; ha concentrado el poder terminando con la democracia; usa la justicia para la represión política; ha renegado de ser boliviano mestizo y simula ser indígena; está entregado a un proyecto extranjero antiboliviano y neocolonial; incrementa y defiende los cultivos de coca ilegal; realiza entreguismo económico a extranjeros; con fraude y manipulación electoral desconoce el voto universal; corrupción institucionalizada; no hay igualdad ciudadana. El pueblo llama "robolución" a la contrarrevolución de Evo Morales.

En el 9 de abril de 2018 a los 66 años de la revolucion nacional

CARLOS SÁNCHEZ BERZAÍN
Abril 9, 2018

Antes de la revolución nacional, Bolivia era un país con una población 70% rural, campesina, indígena, excluida y analfabeta. El MNR estableció y ejecutó el "voto universal", dando lugar a la democracia con la incorporación de toda la población indígena, campesina, mujeres y sectores excluidos; la "reforma agraria" bajo el concepto de que la tierra es para quien la trabaja, convirtiendo a los campesinos e indígenas en propietarios; la "nacionalización de las minas" para establecer independencia económica; la "reforma educativa" para la formación del boliviano en una escuela única y obligatoria; la diversificación económica para incorporar el Oriente (hoy la primera zona en importancia económica) a la economía nacional.

Así, con libertad, democracia, derecho propietario, educación obligatoria, luchando por la independencia económica y con la participación de todos los sectores del país, se empezó a construir la nación boliviana. Las mujeres, el campesino, el indígena, el siervo rural, el ciudadano, el obrero, el profesional, todos los nacidos en el territorio nacional, se convirtieron en bolivianos iguales en un Estado de derecho, reconociendo un mismo origen en el mestizaje, con unidad en la diversidad. La "alianza de clases" es la doctrina con que el MNR combatió la "lucha de clases" planteada por el marxismo.

Con el MNR derrocado en 1964, el proceso de la revolución nacional fue deformado, demorado, se cambiaron denominaciones y actores, pero nunca fue interrumpido. Cuando Paz Estensoro volvió a la presidencia en 1985, puso en marcha una segunda etapa de la revolución con la "terminando la hiperinflación", con la "nueva política económica", la "lucha contra el narcotráfico" y otras medidas precedidas de su histórico concepto "la Patria se nos muere".

El año 1993, con la presidencia de Gonzalo Sánchez de Lozada, en la tercera etapa de la revolución nacional, el NMR estableció y ejecutó el "bonosol", una pensión vitalicia para todos los bolivianos mayores de 65 años con recursos de la "capitalización social"; la "participación popular" que organizó al país en 329 municipios, asignó el 20% del presupuesto de la nación que, dividido por el número de habitantes del país, da un factor que multiplicado por el número de habitantes de cada municipio les abona fondos directamente, permitiendo más participación democrática, obras y servicios; el "seguro universal materno infantil"; la segunda "reforma educativa"; la "reforma constitucional" con voto a los 18 años, circunscripciones uninominales, descentralización administrativa, etc. El fortalecimiento del proceso fue interrumpido con el derrocamiento del año 2003.

Todas las medidas de la revolución nacional están vivas, les han cambiado nombres, las han debilitado, pero no las han podido liquidar. La traición al proceso de liberación nacional en Bolivia ha sido dada por la acción política de Evo Morales, aplicando la ideología del eje La Habana-Caracas. Han liquidado la "República de Bolivia", sustituyéndola por el "Estado plurinacional"; reemplazado la alianza de clases por la lucha de clases y por cuanta confrontación pueden alentar y propiciar; pretendiendo destrozar la consolidación de la "nación boliviana" con "36 nacionalidades"; terminando con la democracia y estableciendo un Gobierno más de las dictaduras del socialismo del siglo XXI.

Evo Morales busca liquidar la revolución nacional boliviana para sustituirla por los fracasados postulados de la revolución castrista. La revolución nacional boliviana es patrimonio del pueblo boliviano, ofrece extraordinarios resultados frente al castrismo. Los desafíos de hoy en Bolivia son el retorno a la democracia y al proceso de consolidación de la "nación boliviana", única, mestiza, diversa pero unida, con una alianza nacional para restituir el Estado de derecho en una patria sin perseguidos, exiliados ni presos políticos.

EL NARCOESTADO DICTATORIAL EN BOLIVIA

Bolivia, el país de la coca

CARLOS SÁNCHEZ BERZAÍN
Junio 21, 2015

Los cultivadores de coca ilegal en Bolivia, cuyo líder es Evo Morales, han anunciado que regalarán al papa Francisco durante su visita a Bolivia, una "torta y mate de coca". Es la estrategia de este gobierno del socialismo del siglo XXI —ahora usando al Papa— de avanzar con la falacia de que su coca es buena y que los cocaleros son agricultores y no productores ilegales de una sustancia controlada, narcótica y clasificada mundialmente como estupefaciente. El dictador Morales implementa su plan para convertir a Bolivia en el país de la coca.

La coca es un arbusto originario de los Andes Amazónicos, "mejor conocida en el mundo por sus alcaloides, de la que se obtiene la cocaína que es un potente estimulante del sistema nervioso y altamente adictivo". La hoja de coca es el elemento indispensable de la producción de cocaína y es un "estupefaciente" clasificado en la lista 1 de la "Convención Única sobre estupefacientes de las Naciones Unidas de 1961", enmendada por Protocolo de 1972.

En Bolivia hay dos clases de producción de coca. La legal destinada al consumo tradicional y cultural del occidente el país, cuya extensión máxima es de doce mil hectáreas geográficamente ubicadas en los Yungas del Departamento de La Paz. Y la coca ilegal, producida en el trópico del Departamento de Cochabamba (Chapare) desde la década de los 80 por federaciones de cocaleros sindicalizados de los que Evo Morales es líder supremo. Los cultivos de coca ilegal eran de tres mil hectáreas el año 2003 y bajo el gobierno de Morales superan hoy las treinta y cinco mil hectáreas. "El 98% de la producción de la coca ilegal va al narcotráfico".

Evo Morales es un dirigente cocalero, nunca fue políticamente otra cosa, dirigió y dirige sus sindicatos cocaleros con verticalidad dictatorial y llegó a controlar la zona cocalera ilegal como zona libre a principios de la década de los 90; pero su feudo fue reducido y reincorporado al Estado los gobiernos democráticos de los presidentes Sánchez de Lozada (1993-97) y Bánzer (1997-2001), con la aplicación de la ley, erradicación de coca ilegal, desarrollo alternativo, lucha contra el narcotráfico.

Como dirigente cocalero y con la bandera de defender la coca y discurso antiimperialista, Evo Morales instigó, planeó y ejecutó marchas, bloqueos de caminos, atentados, masacres, muertes, conspiraciones, sediciones y confrontaciones empezando la década de los 90 hasta que asumió el poder. Con la ayuda económica y política visible del dictador libio Gadafi, del castrismo, de Chávez y la sospecha de narcotráfico, convirtió a los cultivadores de la coca ilegal en un instrumento de choque, luego en un movimiento social, más tarde adquirieron la sigla de partido político Movimiento al Socialismo (MAS) y luego tomaron el poder.

Desde el poder, Morales hizo política de Estado la "legalización de la coca ilegal". Expulsó la cooperación internacional antinarcóticos, incluyendo la DEA, liquidó cualquier posibilidad sería de verificación. Las relaciones exteriores del Estado plurinacional con el que ha suplantado la República de Bolivia, tienen como eje el tema de la coca. Ha presentado reclamos y alegatos a favor de la legalización de la coca en todos los foros internacionales, pero no ha podido modificar ni la extensión de cultivos de coca legal, ni el concepto mundial de que la coca es cocaína. Lo demuestra el informe de 2007 de la Junta Internacional de Fiscalización de Estupefacientes, que llama a los países a "abolir o prohibir el mascado de la hoja de coca y la fabricación del mate de coca". Finalmente en junio de 2011 el gobierno cocalero de Morales denunció la Convención de las Naciones Unidas de 1961.

A tiempo de la visita del papa Francisco a Bolivia, Evo Morales está perpetrando la liquidación y avasallamiento de la reserva ecológica indígena el TIPNIS, solo para ampliar los cultivos de coca ilegal de sus sindicatos. El Papa —que en la última Encíclica se refiere a la preservación de la naturaleza— obviamente que sabe que "la coca es una planta esquilmante" cuyo cultivo destruye la tierra dejándola inservible y que "su cultivo y la fabricación de cocaína causan un daño severo al medio ambiente". Aparte, desde luego, del daño a la juventud y a la humanidad por el consumo de la droga cuya prevalencia ha aumentado exponencialmente los últimos diez años.

Univisión en septiembre de 2011, la revista *Veja* en abril de 2013, investigadores y académicos de prestigio, congresistas en 2015, han señalado al Estado de Evo Morales como un "narcoestado". Como sin coca no hay cocaína, Evo utiliza ahora al papa Francisco, para que se conozca a Bolivia como lo que no es: el país de la coca.

El oprobio de los 10 años de Evo Morales

CARLOS SÁNCHEZ BERZAÍN
Enero 25, 2016

Evo Morales ha cumplido el 22 de enero 10 años en el poder. Empezó siendo presidente de la República de Bolivia, pero aplicando el modelo del socialismo del siglo XXI se convirtió en el jefe del Estado Plurinacional. Comenzó como el mandatario de un país con una democracia en crisis y se transformó en un dictador. Con protección internacional y servicios de relaciones públicas sostiene la falsa imagen de democracia y de líder indígena, entre otras imposturas. Las pruebas de sus crímenes, su corrupción, su subordinación a poder externo, la sospecha de convertir a Bolivia en un narco estado, las persecuciones políticas, la existencia de presos y exiliados políticos parecen ignoradas. Debió estar 5 años en la presidencia y después de 10, ha amarrado su permanencia hasta el 2020 y está manipulando para quedarse indefinidamente. Son diez años de oprobio, es el Gobierno de Evo Morales.

Es una historia de ignominia, afrenta y deshonra contra el pueblo boliviano y la patria. Es un tiempo de destrucción y violación de la libertad, la democracia, los derechos fundamentales, la economía y el futuro del país, que se pueden verificar con los datos de la realidad objetiva siguientes:

• Evo Morales terminó con el estado de derecho y con la democracia, suplantó la Constitución Política de la República de Bolivia y perpetró un "golpe parlamentario" mediante la ley 3941 con la que terminó haciendo redactar la constitución del Estado

Plurinacional en los términos del nuevo constitucionalismo del socialismo del siglo XXI, para luego pasarla por el fraude electoral de un referéndum.

• En sus diez años de Gobierno violó los derechos humanos con intervención extranjera para asegurar su poder y es responsable impune de más de 17 masacres: Papel Pampa (Oruro 9 junio 2006), Yungas de Vandiola (29 de septiembre 2006), Cerro Posoconi (Huanuni 5-6 octubre 2006), Caihuasi (12 Noviembre 2006), Cochabamba (11 Enero 2007), Villamontes (17 Abril 2007), Normal de Vacas (Cochabamba 28 septiembre 2007), La Calancha (Sucre 24 de Noviembre 2007), Gira Meruvia (Chapare 16 Enero 2008), Santa María (Oruro 24 Marzo 2008), Caihuasi (5 Agosto 2008), discapacitados (8 Agosto 2008), El Porvenir (Pando 11-12 Septiembre 2008), cerco a Santa Cruz (17 Septiembre 2008), Hotel Las Américas (Santa Cruz 15 al 16 de Abril 2009), Caranavi (8 Mayo 2010), Yapacaní (11 Enero 2011), y Chaparina (25 Septiembre 2011)

• El año 2006 la deuda externa de Bolivia era prácticamente cero, con leyes de impuestos y de coparticipación que sostenían la participación popular, un Estado descentralizado y municipalizado. Hoy Bolivia tiene la deuda externa más alta de su historia, se oculta la deuda interna pública, no se sabe el detalle de los créditos chinos. Ha implantado el estatismo y el centralismo, ya no hay independencia del Banco Central ni de la Contraloría. Ha estatizado los fondos de pensiones, cobra impuesto a las pensiones y saca fondos millonarios del Banco Central para gastos. Ha dilapidado el buen momento de precios internacionales, la crisis está llegando.

• El año 2003 los cultivos de coca ilegal —defendidos por Morales— eran de 3.000 hectáreas y ahora están en el torno de las 40.000, sin posibilidad de verificación real. Morales expulsó la cooperación internacional. La prevalencia en el consumo de droga en Bolivia ha subido más del 1.000 por ciento en los 10 últimos años. Evo sigue de líder máximo de los cocaleros. Su jefe antinarcóticos, general René Sanabria, ha sido condenado a 14 años y cumple prisión en Estados Unidos por conspiración y tráfico de drogas.

• Con su Estado Plurinacional creó un nuevo sistema de justicia: el brazo represivo del régimen. Ha judicializado la represión y criminalizado la política. Hay cientos de perseguidos políticos, cerca de 1.000 bolivianos refugiados y exiliados en Brasil, Perú, Paraguay, España y Estados Unidos, según la ONU, y tiene más de 30 presos políticos. Persigue a sus propios cuando se resisten a seguir cumpliendo sus órdenes violatorias de los derechos como los casos del juez Cusi o del fiscal Sosa. Los bolivianos viven en "indefensión".

• No hay libertad de prensa. Medios y redes importantes están bajo control de su régimen. La censura es directa. Periodistas han sido amenazados, despedidos o procesados contando entre sus recientes víctimas a John Arandia y Amalia Pando. Propietarios de medios están obligados a la censura para proteger sus negocios.

• La corrupción es parte del Gobierno, pero la impunidad basada en la amenaza y el uso de la fuerza evita su conocimiento y castigo. El caso más notorio del Fondo Indígena demuestra que Evo Morales se benefició con recursos de la corrupción destinados a su acto de posesión en Tiwanacu y que cometió encubrimiento mediante instrucciones a sus subalternos. La política de la corrupción está resumida en la célebre afirmación del dictador: "Cuando me dicen que algo es ilegal, yo le meto nomás y les digo a los abogados que arreglen, para eso han estudiado…".

La extensión de este trabajo impide mayor desarrollo cualitativo y cuantitativo, pero podemos recordar que Evo Morales fue el más violento y sangriento actor como cocalero desde 1990, que llegó al poder luego de sucesivas conspiraciones y sediciones contra los gobiernos democráticos de Bolivia, que tuvo éxito en 2003 subordinado al eje Caracas-La Habana, con violencia extrema, con presencia de grupos armados nacionales y extranjeros. Es el oprobio.

Evo Morales con amenazas, corrupción y fraude contra el NO

CARLOS SÁNCHEZ BERZAÍN
Febrero 1, 2016

La campaña anti democrática de Evo Morales es una cadena interminable y repetida de abusos, amenazas, corrupción y fraude contra el NO con que los bolivianos defienden la libertad.

El gran intelectual boliviano, el mestizo Franz Tamayo sentenció: "NO se es impunemente poderoso", y menos cuando el poder está fundado en la corrupción. El referéndum del 21F es en sí mismo un acto de corrupción, que en función y en servicio público es "la práctica consistente en la utilización de funciones y medios de las organizaciones públicas, en provecho económico o de otra índole, de sus gestores".

Corrupción es valerse del poder, de la función en beneficio propio. Cualquier tipo de beneficio obtenido en el mal uso o abuso del poder es corrupción, desde la coima o mordida, hasta la perpetuación indebida en el poder.

La corrupción de Evo Morales y su gobierno va desde los delitos económicos, de violencia y represión, hasta los políticos. De acuerdo a la Constitución Política de la República de Bolivia que suplantó y viola permanentemente, debió dejar el mando en enero de 2011. Fue públicamente corrupto cuando con violencia sobre el pueblo boliviano, coludido con su principal opositor oficial, con fraude electoral y ejecutando la ruptura constitucional cambió la norma fundamental que impedía su reelección continua.

Incurrió nuevamente en corrupción cuando violando su propia constitución forzó a su Tribunal Constitucional en 2014 para que lo habilite como candidato alegando que "la primera elección no contaba por haberse realizado en la desaparecida República de Bolivia". Ahora —faltando 4 años para la próxima elección a la que NO puede presentarse— Morales lidera nuevamente la corruptela organizando un referéndum en el que desde el poder total que ejerce, supone que tenía asegurado un nuevo resultado de "victoria manipulada".

Los mandamases y digitadores del socialismo del siglo XXI habían calculado todo para que Evo Morales tenga una cómoda victoria en el referéndum del 21F, pero se han encontrado con la sorpresa anticipada de que el pueblo boliviano NO quiere más dictadura. La razón por la que adelantaron 4 años el planteamiento de su prórroga es que el régimen sabe que su peor enemigo es el tiempo, ya que cada día que pasa se hace más evidente la crisis económica, la corrupción como política de estado, el narcotráfico, el fracaso del modelo neocomunista y centralista, y el rechazo de un pueblo ofendido por la ostentación de los nuevos ricos de la "evo-burguesía" o de la "coca-burguesía".

El proceso del referéndum presenta un escenario en que las encuestas marcan una diferencia del 8% al 15% en contra de Evo Morales, una Bolivia en la que el NO está impulsado por acciones cívicas que los jóvenes, los campesinos, las amas de casa, los intelectuales, los políticos de diferentes tendencias, los artistas, los periodistas, los militares y policías, e incluso los empleados públicos, todos los bolivianos NO sometidos, rechazan la repetición en Bolivia del modelo ya impuesto por la metodología castrista de control social en Venezuela, Nicaragua y en curso en Ecuador.

En contra de la realidad objetiva y de la voluntad popular, la campaña de Evo Morales con el mismo "si" usado por dictadores como Pinochet, copa todos los espacios de prensa, radio y televisión, despliega una millonaria propaganda llena de mentiras y amenazas. Morales y su equipo se presentan en comunidades y ciudades señalando que las obras públicas en curso o prometidas se perderán si gana el NO; le dicen a los campesinos que si gana el NO el sol se esconderá; han presentado papeles falsificados para denunciar y mentir diciendo que la campaña del NO está financiada por el imperialismo; han iniciado nuevos juicios contra ex dignatarios de Estado a quienes acusan de apoyar el NO; han hecho que su sistema de justicia represiva dicte oportunas condenas contra opositores; mantienen presos políticos, acusan y repudian a los exiliados; cortan fondos de la descentralización y de participación popular a gobernadores y alcaldes que dicen NO a su demanda.

Su Tribunal Constitucional falló esta semana autorizando "que cada acto de entrega de obras sea transmitido hasta por 2 horas cada uno" cuando sus normas electorales mandan que la transmisión no puede superar 15 minutos; han mandado despedir periodistas; tienen el control de cadenas estatales y para estatales de prensa, televisión y radio a las que NO accede el NO; están pagando encuestas a favor del oficialismo para falsear datos y justificar el fraude. Evo rechaza el debate y pone la agenda en los medios; Evo ha acusado que la campaña por el NO la lideran un perro y un zorro, pero el perro no habla y Evo escapa del zorro.

Toda la corruptela por el "si" tiene el objetivo de preparar el terreno para el FRAUDE ELECTORAL ya organizado y en curso. El fraude más duro se implementa en el campo donde imponen el "voto comunitario" e impiden con violencia la campaña por el NO, buscando "resultados de cero para el NO". El voto en el exterior es fuente importante de fraude. La OEA ha observado el padrón electoral, se ha demostrado que muertos están listos para votar, que el vice de Evo fue inscrito con anomalías respecto a su servicio militar, que miembros de las Fuerzas Armadas son forzados a hacer campaña por el sí; que Evo hace proselitismo junto con miembros el Tribunal Supremo Electoral…!!! Es solamente la forma de ser y de hacer política de Evo Morales con amenazas, corrupción y fraude.

Tiempos de fraude y corrupción

CARLOS SÁNCHEZ BERZAÍN
Febrero 15, 2016

La ausencia de prensa libre, la liquidación de la división e independencia de los órganos del poder, la falta de frenos, balances y contrapesos en el ejercicio de la autoridad, la instrumentalización de la justicia como mecanismo de represión, la desaparición de sistemas idóneos de fiscalización y rendición de cuentas, en suma, las características de los gobiernos no democráticos del socialismo del siglo XXI, han hecho que en los países bajo su control se viva en un ambiente político y social caracterizado por el engaño, la corrupción y la impostura del gobierno. Los populistas de América Latina han transformado lo que pudieron ser tiempos de crecimiento, progreso y fortalecimiento en "tiempos de fraude y corrupción".

La característica de los regímenes que han concentrado todo el poder en manos de su jefe de gobierno radica en haber convertido en política de estado las acciones contrarias a la verdad y a la rectitud en perjuicio de sus pueblos, de sus ciudadanos, de la gente a la que dicen representar y a la que supuestamente pretenden favorecer. Se trata del "fraude como política de estado", de la actividad y del manejo de los asuntos públicos en beneficio propio y de un reducido grupo, con la intención de mantenerse indefinidamente en el poder enriqueciendo ilícitamente en el ejercicio del mismo. El primer engaño de la política de fraude es "disfrazar de interés general el interés y la ambición particular" y aprovecharse de la necesidad de los pueblos hasta llegar a someterlos.

¡Cometen fraude en la propuesta, fraude en la información, fraude en la administración, fraude en las elecciones, fraude en la toma y ejercicio del poder, fraude en los contratos, fraude para destruir la democracia, fraude en la justicia, fraude en la declaración de sus patrimonios, fraude en todo! Habría que revisar las gestiones de los Castro, Chávez, Maduro, Morales, Correa, Kirchner y Ortega para tratar de descubrir en que no cometieron o cometen fraude, porque la regla de sus actos públicos y privados es el fraude y fraude es corrupción.

En los países con democracia, con alternancia en el poder, con previsibilidad, con cumplimiento de la ley por vigencia del estado de derecho, con obligación de los gobernantes y servidores públicos de rendir cuentas, con igualdad entre los ciudadanos, con control entre los órganos del poder público, con presunción de inocencia, con prensa libre, con libertad de expresión, también hay fraude, pero el fraude y la corrupción son la excepción no la regla y los mecanismos y características de la democracia son los que permiten prevenirlos, detectarlos, exponerlos a la opinión pública, juzgarlos y sancionarlos como corresponda.

Cuando en democracia se señala un fraude quiere decir que el sistema funciona y que el esclarecimiento es posible y previsible. En cambio, cuando en dictadura se denuncia o simplemente se pone en evidencia el fraude, la señal del y para el gobierno es que el sistema está fallando porque el fraude y la corrupción son el fundamento, el elemento esencial del régimen, y entonces, tapan el fraude con más fraude y corrupción, lo que establece un "régimen de impunidad" que introduce en el manejo del estado "un sistema de crimen organizado". Este círculo vicioso sólo cesa cuando se retira a ese tipo de Gobierno y se repone la libertad y el estado de derecho.

Así están las cosas y los cubanos, venezolanos, ecuatorianos, bolivianos y nicaragüenses las conocen y las sufren, como víctimas de los tiempos de fraude y corrupción en que les ha tocado vivir. Cada ciudadano de los países sin democracia afectados por los gobiernos perpetuos es un testigo, los perseguidos, presos y exiliados políticos, los periodistas, empresarios y líderes sociales son testimonio. El estado de derecho y la democracia en tiempos de fraude y corrupción han sido sustituidos por la inseguridad y el miedo, como acaba de suceder en Venezuela donde la dictadura por medio de su Tribunal Supremo de Justicia acaba de imponer —con fraude y corrupción— medidas que no sólo violan el poder y atribuciones de la Asamblea Nacional, sino que condenan a los venezolanos a más hambre y miseria.

En este ambiente se desarrolla en Bolivia el show de fraude y corrupción que prepara el escenario para manipular los resultados del referéndum reeleccionista de Evo Morales, haciendo ganar al sí en contra de más de dos tercios de los bolivianos que quieren que cese el régimen de corrupción y miedo que los oprime. El fraude electoral que viene para el 21F en Bolivia es sólo un acto más de las acciones normales de una dictadura, que no se retrocede ni se inmuta incluso con el "zapatazo de la corrupción" que ha atrapado a Evo Morales en el lecho de millones de dólares y contratos chinos. Frente a la evidencia de fraude y corrupción, más mentira, más fraude y más corrupción es la regla transnacional exitosamente aplicada por el régimen castrista por 57 años y que parece funcionar en sus dominios.

Pero el fraude tiene un límite. Lo demostró Venezuela que luego de sufrir fraude en sucesivas elecciones y por muchos años, derrotó electoralmente a la dictadura el 6D. Lo demostró Argentina que retiró del gobierno al régimen Kirchner y ahora lo está sacando del poder. El final de los tiempos de fraude y corrupción está muy cerca porque están en evidencia. No tardará la Asamblea Nacional de Venezuela en restituir la democracia en su país y el pueblo boliviano en demostrarle al dictador cocalero que los tiempos de fraude y corrupción se acaban porque "no se es impunemente poderoso".

La guerra de Evo Morales contra los bolivianos

CARLOS SÁNCHEZ BERZAÍN
Febrero 29, 2016

Sin otra opción que reconocer la contundente derrota sufrida en su referéndum del 21 de febrero (21F), Evo Morales ha tratado de mistificar el rechazo que Bolivia le ha expresado, volviendo a mentir, echándole la culpa del resultado a la guerra sucia, la conspiración y las redes sociales. Ha anunciado que seguirá con el proyecto político castrista y ha confesado que se trata de una guerra, y que continuará la guerra. Las declaraciones de presidente de los sindicatos cocaleros y jefe del estado plurinacional de Bolivia son confesión de que la guerra que sostiene desde hace más de diez años es "la guerra contra los bolivianos".

"Hemos perdido la batalla pero no la guerra" dijo el derrotado para luego explicar que no está en debate el programa de gobierno anti imperialista. Exactamente la retórica castrista de confrontación propia de una dictadura e imposible en democracia. En dictadura el jefe, el iluminado o en este caso el "jefazo" está por encima de todo, de la ley, del estado de derecho, de la libertad y por supuesto de la gente; solo él tiene la razón y cuando no es complacido en sus caprichos o su fraude electoral no alcanza como en el caso presente, le llama a eso "conspiración". Cuando el pueblo descubre su corrupción y lo agarran con las manos en la masa, con prueba preconstituida y fehaciente con la que cualquier ciudadano hubiera sido inmediatamente detenido por delitos de orden público con penas de más de 20 años de cárcel, le llama a eso "guerra sucia".

No hay que olvidar que parte de la franquicia y de la estrategia castristas para las dictaduras del socialismo del siglo XXI —aplicada rigurosamente por Evo Morales— es cometer delitos y acusar de los mismos a sus víctimas, como el caso de las 18 masacres sangrientas cometidas en sus 10 años de gobierno (y otras anteriores), de las que el último testimonio público son los 6 muertos en la alcaldía del El Alto días antes al referéndum del 21F, por la que los acusados serán las víctimas sobrevivientes, mientras que los operadores de la dictadura (que solo repitieron acciones de octubre de 2003) quedan a buen recaudo en el oficialismo.

La derrota de Evo Morales el 21F demuestra que en tiempos de la "revolución tecnológica y comunicacional", los gobiernos por dictatoriales y concentradores de todo el poder que sean, no pueden con las "redes sociales"; que no alcanzan el control de prensa, la censura de la prensa libre, el despido y persecución de periodistas, la compra de medios de comunicación por los jefes del gobierno con palos blancos y bajo presiones, las extorsiones y arreglos con empresarios para convertir sus canales, radios y periódicos en medios para-oficiales; ni el prevaricato a favor del gobierno para que haga propaganda electoral con dinero del estado, ni la malversación de fondos públicos para la campaña oficial, ni todos los crímenes que Morales y su gobierno han cometido y cometen a diario para manipular una "opinión publicitada" en reemplazo de la "opinión pública" que existe por las redes de internet que el dictador ya ha empezado a reprimir.

En democracia el oponente o el opositor son "adversarios" a los que se busca convencer o vencer en el marco de la libertad, pero en una dictadura el que no complace al dictador o no vota por él es un "enemigo" y al enemigo hay que destruirlo, aniquilarlo o someterlo. En ésta diferencia radica el valor de la confesión de Evo Morales —que acostumbra a confesar sus crímenes en conferencias de prensa como el 24 de febrero— diciendo que está en guerra y que "su guerra es contra los bolivianos" que mayoritariamente —más del 70% sin fraude— le han ordenado que deje el gobierno por corrupto, por mentiroso, por violador de los derechos humanos, porque existen presos y exiliados políticos, porque la evo-burguesía y la coca-burguesía ofenden al pueblo, y por un sinnúmero de razones que podrían abarcar todo el código penal.

"Hay guerras que no se pueden ganar" y son las guerras contra la vida, la libertad y el pueblo. Por eso Evo Morales empezó a perder y va perdido. Lo peligroso del momento que vive Bolivia después del 21F es lo que el derrotado —con todo el poder bajo su control— ha dejado claro que hará continuando con su guerra. Evo Morales se propone: perseguir, destruir, coaccionar o comprar a los líderes de los movimientos civiles y políticos que lo derrotaron; quiere intervenir y destruir la libertad de las redes sociales en el internet; va a dejar sin presupuesto ni fondos de contraparte a las gobernaciones y municipios donde ha perdido; va a desarrollar los mecanismos que pueda para destruir organizaciones sociales; en suma, más de lo mismo que viene haciendo con intimidación y violencia. Cuando Evo termine, habrá dejado a los bolivianos con la deuda externa e interna más grande de la historia, con el país convertido en narco estado, con el más alto nivel de confrontación entre bolivianos y sin ninguna institución creíble. Si se lo deja seguir su guerra habrá terminado con Bolivia.

Evo Morales en su guerra contra los bolivianos pretende que no quede nada ni nadie que no lo respalde, o que de lo contrario se "oculte el sol" como amenazó a los campesinos en su fallida campaña de prórroga. Esta es la manera como los Castro les están ganando la guerra a los cubanos, o como Chávez y Maduro le están ganando la guerra a los venezolanos. Lo que estos personajes no aclaran es que "su guerra es por su impunidad", porque si la democracia retorna no tienen escapatoria. Por eso lo importante del triunfo boliviano el 21F es que se trata del punto de inflexión que marca el principio del fin de los enemigos declarados de los bolivianos: Evo Morales, su gobierno dictatorial y sus mandantes castristas en Bolivia que están en guerra contra los bolivianos hace mucho tiempo.

Socialismo del siglo XXI y narcotráfico en la ONU

CARLOS SÁNCHEZ BERZAÍN
Abril 25, 2016

La Sesión Especial de la Asamblea de las Naciones Unidas sobre Drogas reunida para revisar y mejorar las políticas sobre la materia, ha sincerado la posición del socialismo del siglo XXI (SSXXI) por medio de Evo Morales, al realizar la defensa pura y dura del narcotráfico, politizando y dando contenido ideológico a este crimen transnacional. Morales, líder máximo de los sindicatos de coca ilegal de Bolivia, ejerciendo como jefe del estado plurinacional, ha denunciado que "la lucha contra el narcotráfico es un instrumento de opresión del imperialismo", en notable apología y defensa narco en la ONU.

Evo Morales ha acusado a los Estados Unidos de usar la lucha contra el narcotráfico como "medio de control político"; ha afirmado orgullosamente y reclamado el crédito de haber "nacionalizado y regionalizado la lucha contra el narcotráfico"; ha dicho que ha "expulsado la base militar anti narcóticos de los EEUU en Bolivia", mintiendo porque nunca ha existido base militar norteamericana alguna en territorio boliviano; se ha mostrado orgulloso y exitoso de haber expulsado a la DEA de Bolivia; ha reclamado el crédito de haber "expulsado al embajador de Estados Unidos de Bolivia"; ha pedido que para mejorar la lucha contra el narcotráfico se debe "disolver la DEA" ; y ha realizado afirmaciones que constituyen una muy oportuna confesión de la estrategia del SSXXI.

Los hechos evidencian que quienes han expulsado o forzado el retiro de la DEA y que también expulsaron a los embajadores norteamericanos son Chávez-Maduro en Venezuela y Correa en Ecuador, no solo Evo Morales; ha sido Correa en Ecuador quien ha cerrado y expulsado a los EEUU de la Base de Manta; ha sido Correa quien ha puesto en evidencia la protección que otorgaba a las FARC, con el bombardeo colombiano de Angostura; es desde Venezuela y Cuba donde las mismas FARC reconocidas como guerrilla vinculada al narcotráfico han recibido protección logística y política, hasta llegar a una mesa de negociación en Cuba; es pública y evidente la acción de las FARC en hechos de violencia como los de octubre de 2003 en Bolivia contra gobiernos democráticos dando apoyo terrorista a los hoy gobernantes. Lo dicho por Morales es expresión del vocero del SSXXI, ya que incluso antes de la Sesión en la ONU, los regímenes de Venezuela, Cuba, Ecuador y Bolivia demostraron con hechos que no adhieren a la lucha contra el narcotráfico.

Ha quedado claro que la estrategia anti imperialista de los gobiernos no democráticos de la región tiene fundamento ideológico de defensa del narcotráfico, lo que constatado con la realidad tiene todo el sentido y responde a la necesidad política de legitimar este crimen. Por ejemplo, desde el avenimiento del proyecto de Castro y Chávez, con Morales en el gobierno en Bolivia se han incrementado los cultivos de coca ilegal de 3.000 a más de 40.000 hectáreas que producen cerca de 3.000 100 millones de dólares anuales por narcotráfico para la economía del estado plurinacional y la corrupción; Venezuela es el principal centro de tráfico de la zona; Ecuador ha incrementado su condición de tráfico y no puede explicar casos oficiales como el de la "narco valija diplomática"; a Cuba le acaban de descubrir un embarque de aproximadamente 360 kilos de cocaína en Panamá;

investigaciones de Univisión , Veja del Brasil, respetados expertos han afirmado que la Bolivia de Evo Morales y la Venezuela de Chávez y Maduro podrían considerarse "narco estados".

Más datos reales muestran que: el "jefe antinarcóticos" (equivale al jefe de la DEA) de Evo Morales está preso cumpliendo sentencia en el Estado de La Florida EEUU, por tráfico de drogas; los sobrinos de la primera dama Venezuela están presos y sometidos a juicio por narcotráfico en Nueva York; Nicolás Maduro y su Gobierno hacen cuestión de estado cuando alguno de sus miembros es detenido en el exterior por narcotráfico como el caso del "pollo Carvajal" hoy miembro oficialista de la Asamblea en Venezuela. En estos y otros casos más, la defensa de los gobiernos ha tenido siempre el argumento "anti imperialista".

El SSXXI quiere politizar el narcotráfico, volver el asunto un tema político y no criminal, porque si la lucha contra el narcotráfico es una acción imperialista la "nacionalización de la lucha contra el narcotráfico" resulta tarea revolucionaria. Lo que no dicen es que buscan —y lo han logrado— que con esa "nacionalización del narco" haya más coca, más droga, más narcotráfico, más negocio ilícito, que el consumo de droga se ha incrementado geométricamente, que han inundado de droga la región con especial efecto en Brasil y Argentina. Su enemistad declarada con la DEA nace del interés de que nadie controle, que sean los ratones los que cuiden el queso y la despensa, que el crimen tenga su propio mecanismo para manejarlo a su conveniencia. Están alegando soberanía para encubrir el delito?

Los regímenes no democráticos declaran y promocionan el fracaso de la lucha antidrogas para remplazarla por la suya, construida sobre la desaparición del estado de derecho, de la separación e independencia de los poderes públicos, el control de la justicia y la supresión de la libertad de prensa, que ejercen las dictaduras del SSXXI. La lucha contra el narcotráfico y la sanción de los responsables en producción, tráfico, lavado de dinero y activos, precursores, encubrimiento, sanción, quedarán de esta manera solamente como un acto más de la discrecionalidad del dictador... Por eso proclaman su antiimperialismo narco.... ¡mejor imposible!

Confesiones del narco jefe
de Estado Evo Morales

CARLOS SÁNCHEZ BERZAÍN
Septiembre 25, 2016

El periodo ordinario de sesiones de la Asamblea General de las Naciones Unidas (ONU) es el escenario donde una vez al año los jefes de estado o sus representantes realizan planteamientos políticos para darles alcance mundial. Sin importar que el estado sea democrático, autoritario, dictadura o teocracia, su representante tiene la oportunidad de decir lo que quiera y la historia refleja la presencia de dictadores, guerrilleros, líderes religiosos, políticos, académicos y desde luego, estadistas. Este año son notorias las afirmaciones con valor de confesión del jefe del estado plurinacional de Bolivia, que ha dejado clara su condición de promotor y defensor del narcotráfico. Evo Morales en la ONU ha consolidado la imagen del narco estado que ha construido y que dirige.

Evo Morales es el líder máximo y vitalicio de los sindicatos cocaleros del trópico desde los 90 y defiende con violencia la coca ilegal que es sustancia prohibida y controlada como materia prima indispensable del narcotráfico. La coca está sujeta a fiscalización y control por la Convención Única de 1961 sobre estupefacientes y por la Convención de la ONU contra el tráfico ilícito.… En su "lucha por la coca ilegal" Morales ha producido decenas de confrontaciones violentas y ha podido soslayar hasta ahora su responsabilidad en asesinatos y hechos criminales como los de los esposos Andrade y otros. Aprovechando la Ley de Participación Popular incursionó en la política y adquirió la sigla del partido

Movimiento al Socialismo (MAS), una organización desgajada de la derechista Falange Socialista Boliviana (FSB).

Con el MAS como "instrumento político de los cocaleros", Morales llegó a diputado nacional cocalero. Apoyado por la dictadura castrista, por el dictador Gadafi de Libia que le daba premios en dinero, los aportes sindicales y con Hugo Chávez, empezó a recibir respaldo y dinero. Conspiró y ejecutó el derrocamiento del Presidente Sánchez de Lozada en 2003 con intervención extranjera y para encubrir sus crímenes se convirtió en acusador de sus víctimas a quienes persigue hasta ahora. Llegó al poder en Bolivia el 2006 y se mantiene como líder de los cocaleros que son su principal fuerza política. Morales se ha presentado como el primer indígena en la presidencia cuando en verdad es el "primer cocalero presidente". Los cocaleros integran ya el circuito de producción de cocaína, son dueños del poder político en Bolivia y su jefe, Evo Morales es el jefe del estado.

Para gobernar más de 10 años Morales ha liquidado la República, suplantado la Constitución Política y creado el estado plurinacional de Bolivia como parte del socialismo del siglo XXI; tiene presos y exiliados políticos, y ufana impunidad. Ha hecho desaparecer la democracia y lucha abiertamente por la legalización de la coca, buscando quitar a la coca de la lista de sustancias controladas y prohibidas. Cuando Morales tomó el poder Bolivia tenía 3.000 hectáreas de coca ilegal que hoy superan las 40.000 hectáreas, lo que produjo el geométrico incremento de droga con la que ha inundado Brasil y Argentina, abriendo ruta directa de narcotráfico con Venezuela y ahí al mundo e incluso vinculados al terrorismo islámico. Morales ha retenido por más de un año en la Embajada de Brasil en la Paz al senador boliviano Roger Pinto (hoy exiliado) por la información que éste le brindó sobre tráfico oficial de drogas entre Bolivia y Venezuela.

En su decidida narco-política, Evo Morales como jefe de estado se ha quitado todos los obstáculos y con discurso castrista ha expulsado a la DEA, a USAID, al embajador de los Estados Unidos de Bolivia. Tiene el control total de la lucha antinarcóticos y de la erradicación de la coca. El resultado de que el infractor se encargue del cumplimiento de la ley es bueno para Evo pero malo para Bolivia, pues investigadores y medios de comunicación internacionales califican a la Bolivia gobernada por Evo Morales como "narco Estado". En abril de este año en la Sesión Especial de la ONU sobre drogas UNGASS, Evo Morales afirmó que "la lucha contra el narcotráfico es un instrumento de opresión del imperialismo", que usan los Estados Unidos como "medio de control político", pidiendo además que la DEA sea desmantelada.

Si alguna duda quedaba sobre qué y a quién representa Evo Morales, en su intervención en el 71 Periodo Ordinario de Sesiones de la ONU ha hecho afirmaciones con valor de confesión diciendo: "en investigaciones realizadas ahora, se ha demostrado que la DEA instruía a la policía y militares para planificar asesinato a dirigentes"; acusó a la DEA de "hacer negocio con la droga que incautaba en Bolivia, la mitad del estupefaciente era para incinerar, pero el otro 50% se lo llevaba la DEA"; pidió la creación del "tribunal de los pueblos para juzgar al mandatario estadounidense Barack Obama por delitos de lesa humanidad"; defendiendo la narco dictadura de Venezuela dijo que "si la OEA no representa ni respeta la soberanía de sus estados miembros es mejor que deje de existir"; que "en Bolivia estamos mejor que antes…sin la DEA y sin las bases militares estadounidenses".

Si reparamos en que nunca existieron bases militares estadounidenses en Bolivia, que las acciones de la DEA en la lucha contra el narcotráfico llevaron a juicio a los sobrinos de la primera dama de Nicolás Maduro, que el jefe antinarcóticos de Evo Morales cumple condena por narcotráfico en Estados Unidos, que la economía ilícita produce aproximadamente 3.200 millones de dólares para el estado que Morales gobierna, que el informe Almagro ha puesto en evidencia la dictadura en Venezuela y amenaza la de Bolivia. Entonces podremos entender que Morales ¿se prepara respecto a la prueba que tiene la DEA contra él y su gobierno? En todo caso, no hay duda que en la ONU Evo Morales ha representado sus personales intereses vinculados al narcotráfico y no los del pueblo de Bolivia.

En 13 años, de la República de Bolivia al narcoestado plurinacional

CARLOS SÁNCHEZ BERZAÍN
Octubre 17, 2016

Cuando el 17 de octubre de 2003 las acciones criminales lideradas por el dirigente cocalero Evo Morales y la traición de Carlos Mesa forzaron la renuncia del Presidente Constitucional, Bolivia era una República independiente fundada en la "nación boliviana", vivía en democracia desde 1982 con alternancia en el poder, con libertad de prensa, con división e independencia de poderes, con cortes electorales imparciales, con estado de derecho, con Fuerzas Armadas institucionalizadas, con políticas de estado en el ámbito económico, educativo, social y de lucha contra el narcotráfico, con instituciones independientes, luchando para salir del subdesarrollo. Trece años después, es una dictadura del socialismo del siglo XXI en crisis y narco estado plurinacional.

República es un "sistema político que se funda en el imperio de la ley, en la igualdad ante la ley como freno al poder, al gobierno y a las mayorías, en el que la máxima autoridad cumple funciones por un tiempo determinado y es elegida por los ciudadanos". Nación es "una comunidad humana con características históricas, de tradiciones y cultura compartidas, en un mismo territorio y Estado, se trata de una "concepción política entendida como el sujeto en el que reside la soberanía del Estado". La "nación boliviana" es la identidad política y sociológica que une a todos los habitantes de Bolivia —bolivianos— por el mismo origen territorial, por el mestizaje de mas de 500 años, es una identidad fundada en los vínculos culturales, de lengua, costumbres, religión y la historia común. Es el proceso político-social iniciado en 1952 con la Revolución Nacional que incorporó a la ciudadanía a todos los bolivianos reconociéndolos como ciudadanos en democracia con el voto universal, la reforma agraria, la educación gratuita y obligatoria.

Octubre de 2003 fue solo el comienzo de la ejecución del plan para acabar con la República y destrozar la Nación Boliviana. Para eso los conspiradores triunfantes en el gobierno se otorgaron ellos mismos "amnistía" (decretos supremos 27234 y 27237) por los delitos que cometieron en la sedición, conspiración y derrocamiento, excluyéndose de toda investigación y convirtiéndose en acusadores. Luego enjuiciaron y persiguieron al Presidente, ministros y alto mando militar constitucionales, como primer paso para terminar con el sistema político de la democracia. Desde entonces y con diversos pretextos han criminalizando la política y judicializando la represión contra todos los líderes políticos, cívicos, indígenas, periodistas y ciudadanos que consideren oposición real. Hoy existen más de 1.200 exiliados y decenas de presos políticos bolivianos. En su gobierno Evo Morales es responsable por más de 20 masacres en las que no tiene "amnistía" como la que lo ampara por octubre de 2003.

La Constitución Política que solo permitía su "reforma parcial", fue violentada para convocar una Asamblea Constituyente, y cuando ésta se celebró no lograron los votos ni texto que necesitaban para liquidar la República de Bolivia y la Nación Boliviana. Entonces cometieron "usurpación de funciones" y "suplantación constitucional" con la Ley 3941 de 21 de octubre de 2008 por la que redactaron su nueva constitución en comisión secreta y la aprobaron en el Congreso Ordinario arrogándose la facultad de "realizar los ajustes necesarios…por ley especial del Congreso"!!

El criminal texto de la ley 3941 es la mejor prueba de la nulidad de la constitución del Estado Plurinacional de Bolivia, en base a la que el socialismo del siglo XXI institucionalizó la dictadura de Evo Morales.

La constitución del Estado Plurinacional, liquidó la República e impostó 36 naciones para dividir la Nación Boliviana y acabó con las instituciones de la República cambiándoles el nombre para cesar a sus componentes: la Corte Suprema de Justicia fue reemplazada por el Tribunal Supremo de Justicia, la Corte Nacional Electoral por el Tribunal Supremo Electoral, el Tribunal Constitucional por el Tribunal Constitucional Plurinacional y de esta manera digitaron sus miembros, terminando con la "división e independencia de los órganos del poder público" y el "estado de derecho". El terrorismo de estado judicial y el fraude electoral son los frutos. Es el modelo previamente aplicado en Venezuela que ha hecho de Bolivia un satélite de la órbita castrista.

Los mismos conspiradores de octubre de 2003, cosecharon la estabilidad económica y la capitalización social legada por los derrocados, se beneficiaron del boom de las materias primas, aplicaron el desarrollismo populista del modelo chavista, institucionalizaron la corrupción y la impunidad convirtiéndose en nuevos ricos con palos blancos como dueños de empresas y medios de comunicación. Llevaron al país a la crisis económica que la dictadura ya acepta. Hoy Bolivia —entre otros logros de los sediciosos del 2003— importa 140% mas alimentos que hace 10 años, tiene el peor puesto en Sudamérica en el índice hambre, es sub campeón mundial de corrupción según el Foro Económico Mundial, ha colapsado su producción de gas, han otorgado más beneficios que nunca a las transnacionales petroleras, tiene la deuda externa e interna récord de la historia, no tiene inversión externa, no existe independencia del Banco Central, digita políticamente los indicadores económicos, es "una satrapía del imperio chino".

Evo Morales el exitoso sedicioso del 2003, líder perpetuo de los cocaleros y jefe del estado plurinacional defiende airadamente en la ONU y donde puede a la coca y al narcotráfico. Sostiene que "la lucha contra el narcotráfico es un instrumento del imperialismo", ha incrementado más de quince veces los cultivos de coca ilegal. Todos los países vecinos tienen que defenderse de la creciente amenaza de la droga que se exporta desde el estado plurinacional calificado como "narco estado".

El antiimperialismo como coartada para construir narcoestados

CARLOS SÁNCHEZ BERZAÍN
05 de noviembre de 2017

Los regímenes de Cuba con los Castro, Venezuela con Chávez y Maduro, Bolivia con Evo Morales, Nicaragua con Daniel Ortega y Ecuador con Rafael Correa, se han proclamado "antiimperialistas" contra los Estados Unidos y con ese fundamento han recreado y desarrollado diferentes formas de causar daño, debilitar, desprestigiar y pretender derrotar a su enemigo el imperialismo norteamericano. Han derrocado gobiernos, controlan organismos e instituciones, soportan guerrillas y terroristas, ejercen control de prensa, han instituido nuevas dictaduras, implementado regímenes de delincuencia organizada y usan el antiimperialismo como coartada para construir narcoestados.

El antiimperialismo es una expresión política de fines del siglo XIX, utilizada por el inglés Jeremy Bentham, y su impulso en América se atribuye a Mark Twain, cuando en 1898 fundó la Liga Antiimperialista de los Estados Unidos para oponerse a la acción estadounidense en la guerra de independencia en Cuba. Twain consideraba a José Martí como "el primer formulador del pensamiento antiimperialista de América Latina" que "relacionaba desde su mismo origen el pensamiento antiimperialista con el sentimiento antinorteamericano". Según Twain, Martí sostuvo que "los pueblos de América Latina son más libres y prósperos a medida que se apartan más de los Estados Unidos".

El antiimperialismo sirvió a los movimientos de guerrilla castrista en la región. En la década de los setenta, el antiimperialismo formuló un programa político económico conocido como "programa de liberación nacional" fundado en la "independencia, soberanía y autodeterminación, oposición al imperialismo, antiamericanismo, industrialismo, promoción del mercado interno, rechazo a las empresas multinacionales, nacionalizaciones, empresas estatales, tercermundismo, unidad latinoamericana….". En el siglo XXI, Castro, Chávez, Correa, Morales y Ortega difundieron ampliamente la vigencia del antiimperialismo considerando que "la globalización en si misma es un fenómeno imperialista" y aplicando programas estatistas, nacionalizadores y tercermundistas plagados de corrupción que han llevado a sus pueblos a crisis y retrocesos de consecuencias aún imprevisibles.

La invocación del antiimperialismo ha servido a los gobernantes del sistema "castrochavista" para acabar con las democracias en Venezuela, Bolivia, Nicaragua, Ecuador…expandiendo el modelo castrista de Cuba con el control absoluto del poder, la desaparición del estado de derecho, el uso de la justicia para la persecución política encarcelamiento y exilio de opositores, el control de prensa, la manipulación electoral con la institucionalización del fraude y el ventajismo oficialista, la violación sistemática de los derechos humanos, la creación de "leyes infames" que garantizan su impunidad, la permanencia indefinida en el ejercicio del poder ……

El antiimperialismo también se ha usado para convertir a Venezuela (el país con las reservas petroleras mas grandes del mundo) en un país con crisis humanitaria, hambre y miseria. Los regímenes antiimperialistas de Cuba, Venezuela, Bolivia, Ecuador y Nicaragua, unos mas pronto que otros, llevan a sus pueblos al abismo de deudas multimillonarias de montos secretos, al entreguismo de recursos naturales a chinos, rusos, iraníes, al retroceso tecnológico, al despilfarro del boom de los precios de las materias primas, al desarrollismo que trae mas pobreza, a la corrupción sin límites como el caso Odebrecht, a la creación de nuevos ricos en las familias y los entornos de Castro, Chávez, Maduro, Morales, Correa y Ortega.

Antiimperialismo es la "justificación ideológica" para instalar narcoestados y sostenerlos. Los regímenes del castrochavismo han puesto énfasis en el aliento y el crecimiento del narcotráfico con destino a los Estados Unidos como parte del componente de "antiamericanismo" del antiimperialismo, hasta el punto de lograr que hoy Venezuela con Nicolás Maduro y Bolivia con Evo Morales sean señaladas como narco estados, o sea como países "cuyas instituciones políticas se encuentran influenciadas por el narcotráfico y cuyos dirigentes desempeñan simultáneamente cargos como funcionarios gubernamentales y miembros de las redes de trafico, amparados por sus potestades legales".

El concepto de "narcoestado" se cumple en el caso venezolano por el proceso judicial a los sobrinos de Maduro que ya admitieron que traficaban con drogas de las FARC, o el caso del "pollo Carvajal" liberado de manos de la DEA en un operativo oficial de estado (narco) de Venezuela, o el caso de Tareck El Aissami designado vicepresidente por el mismo Maduro…..y más. Se indica a Bolivia como "narcoestado" pues el Jefe Estado y de Gobierno Evo Morales es también el Jefe de los Sindicatos Cocaleros, que en su gestión han incrementado sus cultivos de coca ilegal (y con ellos de producción de droga) de 3.000 a más de 40.000 hectáreas y la coca legal de 12.000 a 20.000 hectáreas; el máximo jefe antinarcóticos de Evo Morales fue capturado en Panamá y condenado en Estados Unidos por narcotráfico; detenciones recientes en Brasil y Argentina muestran a miembros del gobierno de Morales como narcos mientras sus funcionarios y publicistas difunden noticias falsas contra opositores perseguidos y exiliados.

El semanario Veja, de Brasil, acaba de ofrecer datos actuales de presuntos "nexos entre La Paz, La Habana y los carteles mexicanos que introducen droga en suelo norteamericano". El libro El Rey de la Cocaína: mi vida con Roberto Suarez Gómez y el nacimiento del primer narcoestado (Amazon.com) ofrece datos precisos sobre el rol del dictador Castro y su régimen en el tráfico de drogas desde los setentas. La relación FARC desde Colombia, Bolivia, Venezuela, Cuba, está fuera de duda en política, violencia y logística (narco). El incremento en la producción de cocaína está señalado como fuente de soporte a grupos terroristas islámicos también proclamados antiimperialistas. El antiimperiaismo es una coartada de los regímenes de delincuencia organizada que usan el narcotráfico como "arma antiimperialista".

La falacia del dictador Evo Morales

CARLOS SÁNCHEZ BERZAÍN
Diciembre 18, 20016

Como todos los gobernantes del socialismo del siglo XXI (SSXXI), Evo Morales llegó al poder y lo ejerce en base a propuestas, ofertas, compromisos, promesas, proyectos y políticas, cuya falsedad e impostura están probados por la realidad objetiva. El proyecto castrochavista en América Latina presentó al jefe de los cocaleros de Bolivia como indígena democrático y —derrocamiento del presidente constitucional por medio— lo llevó a la Presidencia de la República de Bolivia para que la destruyera y suplantara con lo que hoy es su estado plurinacional. Luego de casi once años, convertido en dictador y derrotado en el referéndum del 21 de febrero pasado (21F), Evo Morales desafía al pueblo boliviano para permanecer indefinidamente en el poder, en lo que históricamente es su falacia final.

Una falacia es "engaño, fraude o mentira". Es el "hábito de emplear falsedades en daño ajeno" y eso es precisamente lo que la metodología castrista ha impuesto como regla de acción política en Venezuela, Bolivia, Ecuador y Nicaragua, sus países satélites del SSXXI. Se presentaron como liberadores de sus pueblos y los han sumido en la crisis y en la pobreza, retrasándolos por décadas; se ofrecieron como honestos servidores y han enriquecido como maestros de la corrupción y el latrocinio transnacional organizado; se llenaron la boca de antiimperialismo y sometieron a sus pueblos a la dependencia, el hambre, la miseria y el neo colonialismo; hablaron de desarrollo y convirtieron sus países en narco estados, países de tránsito y consumo de droga; propusieron independencia y han adquirido deudas indeterminadas que hipotecan las próximas generaciones.

En el caso de Bolivia, como parte de las falacias, presentaron como indígena al mestizo boliviano Morales fruto de la Revolución Nacional de 1952; vendieron como campesino al productor cocalero y defensor del narcotráfico; lo disfrazaron de pacifista pretendiendo incluso el premio Nobel de la paz para el más violento caudillo responsable decenas de crímenes como cocalero y de más de veinte masacres sangrientas en su gobierno; dijeron que era aimara del individuo que no habla ninguna lengua nativa del territorio boliviano y menos el aimara; ofrecieron profundizar la democracia e impusieron su modelo dictatorial, confesando públicamente que "sometidos a la ley a veces casi no se puede hacer nada" y que "le mete no más".

Evo Morales ofreció cambio y lo produjo pero para mal, pues representa corrupción, crisis, despilfarro de los recursos públicos, incapacidad, desinstitucionalización, dependencia, deuda, amenazas, presos políticos, perseguidos y exiliados políticos, menos libertad, periodistas despedidos, nuevos ricos por corrupción, menos transparencia, control de todos los poderes del estado, ausencia de estado de derecho, violación de los derechos humanos, fraude electoral, control de prensa, enajenación de los recursos y del patrimonio nacionales, sicariato judicial, inseguridad ciudadana, narco estado con incremento del consumo de drogas, dependencia.

Cambió la República de Bolivia y la libertad de los bolivianos por un estado de modelo castrochavista para simular que hay democracia y perpetuarse en el poder. Reemplazaron las instituciones republicanas por el capricho de Evo Morales y su entorno complacientes y corrupto que se disputa el control absoluto de todo lo que pueda darle más poder y más dinero mal habido.

Entre los resultados se tiene a Bolivia entre los tres países más corruptos de la región, es el segundo productor de coca y cocaína del mundo, es una amenaza de seguridad y narcotráfico para todos sus vecinos, es parte de las cinco dictaduras del denominado SSXXI, en crisis económica creciente, no hay prensa libre, sin ningún indicio de transparencia, tiene más de 1.200 exiliados en seis países del mundo, centenas de perseguidos, decenas presos político y crímenes de estado. Evo Morales se jacta de haber roto el récord de gobernar por más de diez años, sin explicar que para llegar a ese término ha cometido un verdadero "concurso delictivo", desde delitos contra la moral pública, delitos contra la Patria, hasta delitos de lesa humanidad, dividiendo al pueblo boliviano, masacrando a los que resistieron y entregando la soberanía nacional con hechos armados perpetrados por intervención extranjera. El pueblo lo sabe y por eso lo llama "el gobierno de la mentira" y quiere que se vaya pronto.

Luego de haber impuesto su propia constitución y haberla violado para seguir de jefe de estado, el 21F el pueblo le dijo "no mas Evo", dándole una oportunidad de salida. Pero los dictadores no se van, por eso Morales ensaya ahora otra falacia para habilitarse nuevamente como candidato en la farsa electoral que tiene montada. Se trata de maniobras de apoyos sindicales y de movimientos alentados por la corrupción y el caciquismo, con sus autoridades electorales y judiciales listas para prevaricar, con propaganda nacional e internacional pagada, con costosos relacionistas públicos, lobbies y presiones de todo tipo. Es el aparato de la corrupción funcionando para sostener la "impunidad" como única garantía frente a la rendición de cuentas que reclaman los bolivianos. El terror oficialista es que si Evo deja el poder y se restablece la democracia, el entorno y los nuevos ricos de la "evo-burguesía" no tienen escapatoria.

Por eso, aún si la manipulación resulta, Evo Morales no podrá beneficiarse de ella porque ya no existen condiciones sociales, políticas, económicas, ni internacionales. El SSXXI está en su etapa terminal y su dictador cocalero no es la excepción. Para Evo Morales es solo una falsedad más y está acostumbrado a ser exitoso mintiendo, pero para los bolivianos es la falacia final.

Evo Morales aumenta la coca y el narcoestado "por ley" en Bolivia

CARLOS SÁNCHEZ BERZAÍN
Febrero 26, 2017

Desde la década de los noventa, Evo Morales es el líder máximo de los sindicatos de coca ilegal de Bolivia que son su aparato de presión, movilización y amedrentamiento con que implementó un partido político, adquiriendo la sigla de una facción de la derechista Falange Socialista Boliviana, (MAS movimiento al socialismo), bajo el sofisma de "instrumento político", cuando en verdad es solo la participación en política de grupos vinculados a la producción y tráfico de cocaína. El líder cocalero tomó el poder con sus sindicatos, auspiciado y sostenido por el proyecto de Castro y Chávez que hoy se denomina socialismo del siglo XXI (SSXXI), que compuesto por Cuba, Venezuela, Bolivia, Ecuador y Nicaragua se ha proclamado antiimperialista y sostiene que "la lucha contra el narcotráfico es un instrumento de opresión del imperialismo" (discurso de Morales en la ONU 2016).

La cocaína es el alcaloide más importante de la coca. "La cantidad de cocaína obtenida en las hojas frescas va desde un 0,1% a un 1%". La cocaína como droga se obtiene a partir del secado de la hoja de coca más reactivos químicos, es prohibida, penalizada y altamente adictiva pues es un "estimulante que afecta directamente al cerebro" y se ha convertido en una de los ilícitos más importantes. Toda la cocaína del mundo se produce en América del Sur en la región de los Andes, siendo Colombia, Perú y Bolivia los principales productores. La producción de cocaína está en directa relación con la extensión de los cultivos de coca y sus formas más comunes de consumo son "la inhalación, insuflación o inyección en vena" causando "efectos mentales que provocan la perdida de contacto con la realidad, agresividad, agudización del estado de alerta y manía persecutoria". La cocaína es una droga "dura".

La ONU informa que el 94% de la coca de los sindicatos de Evo en el Chapare-Bolivia "no pasa por el mercado legal", o sea que se convierte en cocaína, proceso ya incorporado a la actividad de los cocaleros del partido de gobierno, cuya evidencia se oculta por el gobierno a la opinión pública boliviana e internacional. La DEA está expulsada y satanizada porque Evo Morales quiere controlar por sí y ante sí la producción de coca con los resultados de incremento geométrico de la cocaína que los informes de organismos especializados ya acreditan.

Morales desde Bolivia ha inundado de cocaína a los países vecinos. Argentina es considerada hoy el país de mayor consumo de cocaína en el mundo; los pueblos de Chile, Brasil, Paraguay y Bolivia sufren incrementos dramáticos en el consumo de cocaína. Venezuela y Bolivia son señalados como "narco estados", el tráfico de droga parece centralizado en Venezuela que maneja la producción de las FARC y de los cocaleros de Evo, al extremo de tener hoy a su vicepresidente acusado y a los sobrinos de Maduro presos por narcotráfico en Nueva York. El jefe antinarcóticos de Evo Morales cumple sentencia por delitos vinculados a este crimen en los EEUU. La narco valija diplomática de Ecuador está lejos de ser esclarecida, la protección de Correa a las FARC se probó con el bombardeo de Angostura. El "pollo Carvajal" es asambleísta de la dictadura en Venezuela. La defensa del narcotráfico ha sido ideologizada por el SSXXI.

Para el SSXXI el tema narco de cocaína es un tema político de vital importancia, un "instrumento contra el imperio" y por eso han encubierto la expansión de narcotráfico en discurso populista, nacionalista y contra los Estados Unidos. En ejecución de esta política, Venezuela, Bolivia y Ecuador —rompiendo acuerdos internacionales— han expulsado a la DEA, a USAID y a los embajadores de los EEUU. Hoy ni en Venezuela ni Bolivia hay embajadores norteamericanos. Ecuador ha sacado físicamente a los EEUU de la Base de Manta destinada al control del tráfico de drogas. Liderados por Cuba todo el SSXXI ha sostenido, protegido y arropado a las FARC, la mayor productora de cocaína del mundo y que durante el proceso de paz en Colombia está acusada de haber incrementado los cultivos de coca de 50.000 a cerca de 200.000 hectáreas.

Si alguna duda quedaba que Bolivia es hoy un narcoestado, Evo Morales la acaba de disipar. No se puede hacer cocaína sin coca y por esta razón coca está en las convenciones de la ONU sobre estupefacientes. Para consumo tradicional y medicinal Bolivia reconoce 12.000 hectáreas de coca legal, aunque según un estudio financiado por la Unión Europea solo necesita 6.000 hectáreas. Existen cultivos ilegales para el narcotráfico (coca narco), que desde el derrocamiento del gobierno constitucional en octubre de 2003 han subido de 3.000 a más de 40.000 hectáreas por sindicatos que tomaron el poder político con su líder Evo Morales, que ahora por ley, aumenta las legales a 22.000 hectáreas en una acción para legalizar la coca narco.

Toda esta trama de politización y defensa del narcotráfico por Evo Morales y todos miembros del SSXXI, tiene conexiones muy graves con el terrorismo de origen islámico. Existen declaraciones e investigaciones en torno a que "Hezbollah está generando cientos de millones de dólares en un esquema de lavado de dinero de cocaína en América Latina que provee una fuente interminable de financiamiento para sus operaciones terroristas". Buques con bandera boliviana han sido interceptados con armas en las zonas terroristas y con droga diferentes puertos. Es cada vez más evidente la relación "coca-cocaína-SSXXI-terrorismo islámico", y para no dejar dudas Evo Morales avanza con una "ley infame para legalizar el primer eslabón de la cocaína".

Pruebas respecto a Evo Morales y el narcotráfico como su base de poder politico (Bolivia con Evo es una amenaza para el mundo)

CARLOS SÁNCHEZ BERZAÍN
Abril 14, 2018

A continuación algunas pruebas respecto a la noticia registrada en *El Deber* sobre parte del contenido de mi conferencia en el Congreso de los Estados Unidos en el Foro "Threats to the U.S. in the Western Hemisphere". Se trata de prueba de conocimiento público y de "hechos notorios":

¿Nos hemos olvidado que Evo Morales es el dirigente de los cocaleros ilegales de Bolivia? ¿Que compró el partido MAS (una facción de Falange Socialista Boliviana) para tener "instrumento político cocalero"? ¿Que su medio de lucha es la violencia con sus cocaleros que han producido decenas de masacres y hechos violentos como Sacaba 2001, Cochabamba 2007...?

1.- Sostengo que el año 2003 cuando derrocaron al Presidente Sánchez de Lozada, la extensión de cultivos de coca ilegal en Bolivia era de 3.000 hectáreas y la de cultivos legales de 12.000 hectáreas, la prueba se encuentra en los informes de la ONU y de EEUU de 2004-05, de acceso público y registrados por la prensa boliviana.

2.- Afirmo que ahora los cultivos de coca ilegal en Bolivia son de aproximadamente 50.000 hectáreas de coca ilegal y que Evo Morales amplió indebida e injustificadamente los cultivos de coca llamada legal a 22.000 hectáreas mediante ley por el control de todo el poder que tiene en Bolivia. La prueba está en los informes de la ONU sobre el crecimiento de los cultivos de coca ilegal, en el informe por el cual "Estados Unidos descertifica a Bolivia en la lucha contra el narcotráfico" ubicando al país entre los "de mayor producción y/o tráfico" (*El Deber* el 15 de septiembre de 2017), y en la ley de la coca promulgada por Evo Morales en marzo de 2017.

3.- Reitero que Evo Morales sostiene su poder político en base a los sindicatos cocaleros del trópico de Cochabamba que son su fuerza política y que esos cocaleros además de coca ilegal producen pasta base de cocaína. El informe de la ONUDD revela que el 93,5% de la coca del Chapare no va al mercado legal. La prensa y los informes de los EEUU muestran que la producción de cocaína en esa zona ha proliferado, la DEA ha sido expulsada de Bolivia por Morales que ha desconocido todo acuerdo de cooperación en la lucha contra el narcotráfico poniendo cocaleros como funcionarios de su estado para hacer cumplir la ley, que no se cumple. Los sindicatos cocaleros respaldan violenta y constantemente al régimen y producen crímenes como la masacre de Cochabamba de enero de 2007 en la que mataron al joven Christian Urresti. Los mismos cocaleros de los sindicatos de Evo Morales son parlamentarios y funcionarios públicos, Evo Morales ha construido un aeropuerto tan grande como innecesario en Chimoré.

4.- Afirmo que el senador Roger Pinto fue perseguido y forzado al exilio por Evo Morales y su régimen por denunciar tráfico de cocaína en aviones militares de Chimoré a Venezuela, y ahora está muerto por sospechoso accidente. El escritor Leonardo Coutinho acaba de presentar su libro "Hugo Chávez o espectro" en el que demuestra el tráfico de drogas gubernamental entre la Bolivia de Evo Morales y la Venezuela chavista. René Sanabria el jefe antinarcóticos de Evo Morales, detenido cuando ejercía esas funciones cumple condena federal en los Estados Unidos por tráfico de 144 kilos de cocaína.

De esto y mas hay mucha prueba, por eso Univisión ya el año 2011 calificó a Bolivia gobernada por Evo Morales como un NARCOESTADO; hasta hay un videojuego francés de la empresa Ubisoft de Bolivia como narcoestado…

Lo afirmado en mi conferencia en el Congreso de EEUU es un brevísimo resumen de la verdad que el mundo observa. ES SOLO LA REALIDAD OBJETIVA que Evo Morales no puede tapar con las violaciones a la libertad de prensa que ha implementado en Bolivia.

EL GOLPE DE ESTADO QUE LOS GOLPISTAS LLAMAN GUERRA DEL GAS EN EVIDENCIA

Diez años después, sin justicia y sin verdad

CARLOS SÁNCHEZ BERZAÍN
Octubre 19, 2013

El 17 de octubre se cumplieron 10 años del derrocamiento del presidente boliviano Gonzalo Sánchez de Lozada, forzado a renunciar por lo que en su momento se presentó como una revuelta popular "contra la intención" del gobierno de exportar gas a México y EEUU por puertos chilenos.

Estos luctuosos sucesos se llamaron las jornadas de octubre, la guerra del gas, octubre negro. Costaron la vida a más de 60 bolivianos y centenares de heridos terminaron llevando a la presidencia al dirigente cocalero Evo Morales.

Los ganadores comenzaron la persecución de los caídos con el discurso de hacer justicia. Hoy, por confesión de los propios promotores de la violencia, se evidencia que fue conspiración y sedición impulsadas desde el naciente proyecto del Socialismo del siglo XXI.

Carlos D. Mesa con su traición posibilitó el éxito de la conspiración. Cumpliendo públicamente con sus cómplices dictó decretos de amnistía perdonando a todos los promotores de los hechos violentos y aclarando que la amnistía no alcanzaba a los miembros del gobierno ni de las fuerzas armadas.

Bajo amnistía, Evo Morales inició juicio de responsabilidades contra el depuesto presidente Sánchez de Lozada, su gabinete de ministros y el alto mando militar. La comisión de fiscales encargada de la investigación desestimó el proceso por falta de materia justiciable y porque no lo podía hacerla sin investigar a los promotores que habían recibido amnistía. Mesa destituyó a los fiscales. El Congreso Nacional rechazó la autorización de acusación para juicio de responsabilidades y la denuncia no logró los votos necesarios.

Mesa y Morales presionaron a los congresistas hasta que repitiendo votación decretaron acusación, legalmente nula porque la primera votación decide el asunto y no admite otra votación.

Iniciado el juicio, miembros de la Corte Suprema de Justicia fueron sistemáticamente obligados a renunciar, destituidos, enjuiciados y finalmente cesados de sus funciones hasta que Evo Morales puso sus jueces con los que continúa persiguiendo a Sánchez de Lozada y sus ministros, haciendo pedidos de extradición. Ha sentenciado a los cinco generales miembros del Alto Mando Militar de 2003, con quienes ha engrosado la lista de presos políticos que hay en Bolivia.

Este juicio fue sólo el primero de centenas de causas que Evo Morales y su gobierno llevan adelante convirtiendo a Bolivia en el tercer país de las Américas, luego de Cuba y Venezuela, con la mayor cantidad de perseguidos, presos y exiliados políticos. Luego vendrían las causas también iniciadas o instruidas por Morales contra los gobernadores de Chuquisaca, Cochabamba, Pando, Beni, Tarija y Santa Cruz; contra dirigentes cívicos y empresarios; contra empresarios privados nacionales y extranjeros; contra dirigentes campesinos, indígenas, militares, jueces, autoridades constitucionalmente elegidas para destituirlas o justificar su ilegal destitución como el Contralor General, el Presidente del Banco Central, el Presidente del Servicio de Caminos e incluso senadores y diputados en funciones.

En todos los procesos se viola la presunción de inocencia, el debido proceso, el principio de juez imparcial, la irretroactividad de la ley, la igualdad de las partes y otros derechos humanos. La justicia es sólo parte del aparato represivo del gobierno y 10 años después Bolivia vive una de las dictaduras del siglo XXI, sin justicia y sin verdad.

El "golpe de Estado" que los golpistas llaman "guerra del gas"

CARLOS SÁNCHEZ BERZAÍN
Octubre 15, 2017

Bolivia cumplía 21 años de su retorno a la democracia en octubre de 2003 con una situación de violencia política extrema en torno a la ciudad de La Paz, que llevaría al triunfo a una conspiración que derrocó al Presidente Constitucional Gonzalo Sánchez de Lozada bajo la figura de "renuncia forzada". En febrero de ese año ya habían intentado asesinar al Presidente en otra acción golpista de trágicas consecuencias, y en agosto el líder de la conspiración Evo Morales había roto el dialogo propiciado por la Iglesia Católica avisando la lucha final. Este proceso de conspiración, violencia y golpe de estado fue proclamado por los golpistas con el sofisma de "la guerra del gas".

En Bolivia las crisis políticas cambiaron con el siglo XXI, se volvieron más violentas, la conflictividad aumentó, tenía más sostenimiento y recursos, movilizaciones más largas y agresivas, retornó el discurso antiimperialista y anticapitalista, se buscaba la confrontación regional, se introdujo la confrontación racial, se multiplicaron las causas de descontento, los principales sectores de movilización violenta eran los cultivadores de coca ilegal-narcotráfico y grupos proclamados indigenistas del altiplano con influencia guerrillera del Perú. Era la cartilla del Foro de Sao Paolo.

Había sucedido un cambio transcendental: el régimen castrista de Cuba —la única dictadura de las Américas que hasta 1999 agonizaba en su "periodo especial" luego de extinguida la URSS—

había recibido recursos con la llegada de Chávez al poder en Venezuela y había reactivado su aparato de intervención recreando el fallido plan de los 60 de expandirse en la región. La subversión castrista, antes guerrillera, se había puesto nuevamente en acción y terminaría liderando el movimiento bolivariano o Alba o socialismo del siglo XXI, las "dictaduras del castrochavismo".

El año 2000 produjeron la "guerra del agua" y el "bloqueo del altiplano" contra el gobierno del Presidente Banzer. En octubre de 2001 Evo Morales como dirigente de los cultivadores de coca ilegal hizo la "masacre de Sacaba" durante el gobierno de Jorge Quiroga (que asumió el poder por un año por muerte de Banzer). La masacre de Sacaba fue el ataque criminal de Evo Morales contra soldados desarmados, que cuando los heridos eran auxiliados los cocaleros atacaron las ambulancias y los mataron; por estos crímenes Evo Morales que era diputado fue enjuiciado por Quiroga y separado de la Cámara de diputados a pedido del Jefe de la oposición Sánchez Berzaín, pero pacto con el Ministro de Gobierno Leopoldo Fernández —hoy preso político— impidió que Morales vaya a la cárcel por 30 años.

Los atentados terroristas del 11 de septiembre de 2001 en Estados Unidos modificaron dramáticamente la situación regional y mundial, pues EEUU volcó todo su interés, recursos y medios a las guerras en Irak y Afganistán dejando de lado los compromisos que había asumido y promovido con América Latina en materia defensa de la democracia, lucha contra el narcotráfico y cooperación económica para el desarrollo. En este contexto el golpe de estado de octubre de 2003 no fue el primero contra Sánchez de Lozada ni contra la democracia boliviana y tampoco en la región donde un presidente fue derrocado en Argentina y dos en Ecuador.

En enero de 2003 Evo Morales organizó bloqueos en la zona cocalera para paralizar el gobierno y perjudicar al pueblo, firmó acuerdos cuando fue derrotado y de inmediato volvió a conspirar. El intento de asesinato del Presidente en Febrero de 2003 —investigado por la OEA— permitió debilitar al gobierno mientras la conspiración crecía hasta que empezaron nuevos hechos de violencia y fuerza con el secuestro masivo de más de 1.000 turistas nacionales y extranjeros producido en Sorata y la subsecuente emboscada armada a los turistas y a las fuerzas policiales y militares que los custodiaban de retorno a La Paz.

Civiles, miembros de la Policía y de las Fuerzas Armadas fueron atacados con armas de fuego, francotiradores y dinamita, la ciudad de la Paz fue sitiada, las carreteras interrumpidas; el gobierno constitucional aplicó la ley para cumplir su obligación de proteger al pueblo, los servicios públicos, las instalaciones estratégicas y la propiedad privada, y apareció el nombre de "la guerra del gas" como coartada, acusando a Sánchez de Lozada y su gobierno de querer "vender gas a Chile" y "exportar gas a los Estados Unidos por Chile". Con participación de subversivos peruanos, de las FARC, operadores castristas y subversivos locales los golpistas, aplicaron la doctrina de "guerra revolucionaria" que instruye "promover muertes para acusar de las mismas al gobierno".

Quebrada la democracia establecieron la denominada "agenda de octubre" fijando como objetivos la "asamblea constituyente", "nacionalización de hidrocarburos", "enjuiciamiento al gobierno derrocado", "la liquidación de los partidos políticos tradicionales"... y comenzó un nuevo periodo de facto en Bolivia con: los decretos de amnistía para la impunidad de los delincuentes de octubre de 2003, mientras Evo Morales enjuiciaba a los defensores de la democracia destituyendo los fiscales que rechazaron el juicio por falta de causa; la ley de reforma constitucional 2631 que falsifica la Constitución Política introduciendo la asamblea constituyente; la suplantación del ya ilegal texto de la constituyente con ley

3941; el fraude en el referéndum constitucional; fraudes electorales; desaparición del estado de derecho; toma de todos los poderes del estado; reelección indefinida de Morales...

Luego de 14 años, el golpe de estado que los conspiradores llaman "la guerra del gas" ha producido: el régimen dictatorial castrochavista de Evo Morales, la desaparición de la República de Bolivia, más 20 masacres sangrientas; más de cien presos políticos, más de 1.200 exiliados políticos, la desaparición de la libertad de prensa, cientos de nuevos ricos, un narcoestado plurinacional, fuerzas armadas que rinden honores al invasor che Guevara... mentiras, infamias y corrupción.

Evo Morales en sus once años de impostura, crímenes y corrupción

CARLOS SÁNCHEZ BERZAÍN
Enero 29, 2017

Haciendo gala del aniquilamiento de la democracia que ha perpetrado contra el pueblo de Bolivia, Evo Morales festejó el 22 de enero sus 11 años en el poder, convirtiendo el día que tomó el Gobierno en feriado nacional con la pretensión de imponerlo como fecha histórica. El dirigente cocalero y jefe de Estado del expansionismo castrochavista, ha querido presentar como exitosa su gestión que es —en verdad— el mayor de los retrocesos y desgracias de la historia de Bolivia, que supera todo récord de impostura, crímenes, corrupción y narcotráfico.

Impostura es el "fingimiento o engaño con apariencia de verdad". Esta es naturaleza esencial de Evo Morales presentado como indígena siendo un mestizo que no habla ni quecha ni aymara; como campesino cuando en verdad es el dirigente cocalero del primer eslabón del narcotráfico; como demócrata siendo un dictador del socialismo del siglo XXI; que se jacta del mayor crecimiento económico del país cuando es el responsable de su postración y crisis; como víctima cuando es el autor de los mayores crímenes y violaciones a los derechos humanos; auto proclamado nacionalizador cuando ha enajenado e hipotecado los recursos nacionales por varias generaciones.

El acceso al poder de Evo Morales está precedido por más de 15 años de violencia defendiendo la coca-narco con financiamiento del circuito coca-cocaína, el apoyo de dictadores como Gadafi, hasta acciones directas de Castro y Chávez que convirtieron en movimiento político a sindicatos cocaleros similares al modelo de las FARC. Punto importante del *iter criminis* es la conspiración, sedición y derrocamiento del Gobierno constitucional de Sánchez de Lozada que culminó el 17 de octubre de 2003 y que Morales reivindica públicamente, confesando los delitos cometidos como el triunfo sobre el neoliberalismo. Estas acciones criminales están temporalmente impunes por la "amnistía" con que Evo Morales y sus cómplices se protegen y con la que persiguen, han convertido en presos y exiliados políticos a sus víctimas.

Evo Morales no hubiera llegado nunca al poder y ni permanecido en él sin la intervención política, económica y de fuerza de Hugo Chávez y Fidel Castro (a quien llamaba papá). El Gobierno de Morales es un satélite del Alba o bolivariano, ahora SSXXI. Han construido para Morales un estado destinado a "terminar con la Nación Boliviana" y para eso han suplantado la Constitución Política y la República de Bolivia con su estado plurinacional: es el jefe del estado plurinacional no es el presidente de la República de Bolivia; gobierna un engendro nacido del fraude y de la violencia, diseñado para su permanencia indefinida en el poder sirviendo los intereses transnacionales del SSXXI. Antes de ser Gobierno Evo cometió innumerables crímenes como de los esposos Andrade, Villa 14, masacre de Sacaba y de octubre de 2003; pero para llegar a 11 años de Gobierno perpetró 20 masacres sangrientas, tiene miles de perseguidos políticos con la "judicialización de la represión política", presos políticos y más de 1.200 exiliados. Se mantiene en el poder en base al miedo, aplicando el modelo castrista de control social que incluye asesinato de reputaciones, liquidación de la libertad de prensa y reclutamiento de empresarios privados.

Morales ha construido un "narco estado" basado en los sindicatos cocaleros, cuyos dueños además de no pagar impuestos, están integrados en la producción de droga. Los sindicatos de la coca-narco son base principal de la estructura política de Morales, quien para protegerlos expulsó de Bolivia a la DEA, a USAID, al Embajador de los EEUU, disfrazando la expansión del narcotráfico como antiimperialismo. Así logró el control absoluto de la lucha antinarcóticos, convirtiéndola en otra impostura y en apología del delito, con leyes infames y propuestas como la despenalización de la coca. La producción de cocaína así incrementada, sumada a la de las FARC configura hoy el mapa de crimen y política. Con la expansión de su base político-cocalera Evo ha inundado de cocaína Argentina, Brasil, Chile y ha determinado que Bolivia —además de batir récord de consumo interno de droga— sea aislada y estigmatizada.

El "jefazo" ha concentrado todo el poder en un modelo centralista, estatista y personalista. En Bolivia no existe "estado de derecho" ni institucionalidad, no hay "división e independencia de los poderes públicos", no hay "libertad de prensa", los procesos electorales son simulaciones con "fraude". La corrupción es política de estado, solo superada el sistema de impunidad imprescindible para proteger a Evo Morales y su régimen de nuevos ricos (casos Zapata, Fondioc, Lamia, cartel de la mentira y decenas más). Trata de evitar que el "lava jato" se destape en Bolivia. Ha superado el récord de deuda externa e interna públicas que son de cuantía indeterminada por la liquidación del sistema independiente de contraloría. Transparencia Internacional ubica a Bolivia entre los países más corruptos en aumento cada año.

Morales aprovechó mostrando como propios los éxitos de la democracia boliviana (1982-2003) a la que llama neoliberal, pero su fracaso económico es estrepitoso: redujo la producción de gas por falta de inversión, paga más que nunca a transnacionales y pierde mercados. De la negación de crisis económica ha pasado a "proyectos para superar la crisis". La manipulación de cifras y encuestas es la regla. La economía del narcotráfico aún sostiene la impostura. Tiene "crisis de agua". Los créditos, compras y obras chinas son cuentos chinos de corruptela y deudas secretas. Las FFAA son del régimen y están plagadas de corrupción. Los niños son manipulados para recibir prebendas. El tráfico de personas se ha disparado. Evo ha volado más de 11.000 horas con un costo de más de 40 millones de dólares… y tiene más logros, éxitos y récords, pero son de impostura crímenes y corrupción.

Dictadura en Bolivia: Control de la justicia con plagio y corrupción

CARLOS SÁNCHEZ BERZAÍN
Junio 18, 2017

El control de la justicia para usarla como instrumento de represión política y de control social es el método de los gobiernos de la órbita castrista que simularon ser democracias y que han quedado en evidencia como dictaduras en Venezuela, Bolivia, Ecuador y Nicaragua.

Con procedimientos similares y con el mismo discurso que pone a los pueblos como pretexto, estos regímenes usan el poder judicial para violar derechos humanos y libertades fundamentales, desaparecer el Estado de derecho y extinguir la división e independencia de los poderes públicos. Evo Morales en Bolivia repite este ritual dictatorial marcado por la manipulación, el plagio y la corrupción.

La división e independencia de los órganos del poder público, reconocida en la Carta Democrática Interamericana como un "elemento esencial de la democracia", constituye junto al reconocimiento de los derechos fundamentales la base del "estado de derecho".

Debe evitar que un solo individuo o grupo concentren todo el poder del estado, separando las facultades o funciones ejecutiva, legislativa y judicial para que el gobierno tenga control y equilibrio de las funciones públicas. Son los *checks and balances*, los "frenos y contrapesos" al poder, que permiten a una de las ramas limitar y controlar a las otras, y todas ente sí, para evitar el poder del "monarca absolutista" y el poder "despótico" que hoy equivale al del "dictador".

El papel del órgano o poder judicial, el de los jueces, es esencial porque en el marco del principio de división e independencia, tienen el papel de proteger al ciudadano del abuso de otros individuos garantizando la igualdad, pero fundamentalmente deben proteger al ciudadano del abuso del estado y de los excesos del gobierno.

En democracia los jueces están para garantizar la "constitucionalidad de las leyes", esto es que las leyes emitidas por el Legislativo o las órdenes del Ejecutivo respeten los derechos fundamentales y principios establecidos en la Constitución. Los jueces están obligados a evitar el abuso y despotismo haciendo que "nadie se ponga por encima de la ley" ni tenga la pretensión de hacer "leyes infames" que en lugar de proteger violan los derechos humanos.

Por eso los dictadores del socialismo del siglo XXI controlan los jueces y todo el sistema de justicia en Cuba, Venezuela, Ecuador, Bolivia y Nicaragua. Con verdaderos jueces ninguna de las suplantaciones constitucionales realizadas en todos y cada uno de esos países para perpetuar a sus jefes de gobierno en el poder hubiera sucedido.

Con jueces independientes no existirían perseguidos, presos ni exiliados políticos por procesos en los que el régimen achaca sus propios crímenes a las víctimas a las que enjuicia y sentencia como los miles de casos en Cuba que incluso terminaron en fusilamientos; centenas en Venezuela con el más notable de Leopoldo López; los de Bolivia en que Evo Morales encubre sus delitos de octubre de 2003, de las masacres del Hotel Las Américas, del Porvenir, Cochabamba y decenas más.

Con división e independencia del poder, Daniel Ortega en Nicaragua no hubiera podido anular a la oposición y realizar la farsa de su reelección; ni Nicolás Maduro hubiera podido tomar el poder y no pretendería ahora la vergüenza de su "constituyente fascista"; en Ecuador no hubieran podido encubrir la corrupción como lo hacen tapando hasta ahora los nombres de los funcionarios del régimen de Correa que recibieron sobornos de Odebrecht; Evo Morales no se hubiera reelegido sin la prevaricadora sentencia que lo habilitó para operar nuevamente el fraude electoral en 2014. Son miles los hechos notorios que marcan a estas dictaduras y que provienen del uso y manipulación de la justicia que en lugar de respetar la ley sirve a los Castro, Chávez, Maduro, Correa (Moreno), Morales y Ortega para cometer y encubrir sus crímenes y corrupción.

Por eso y como paso previo a simular su re-re-reelección en 2019, en contra de sus propias normas dictatoriales y del resultado del referéndum del 21F, Evo Morales está nuevamente en el proceso de hacerle creer al pueblo boliviano que elegirán jueces, presentándole una lista manipulada donde solo están funcionarios, miembros y potenciales serviles a su régimen. Se trata de un fraude más para continuar y reforzar la concentración del poder, que es posible con una opinión publica amedrentada y una prensa libre ausente, precisamente por la amenaza de la utilización política de la justicia como método de control social.

Estas dictaduras tienen además la pretensión de ser "fundadoras" y "reformadoras". Morales dice que reforma la justicia en la que por ejemplo, ha promulgado el nuevo Código Procesal Civil por ley 439, atribuyendo la autoría "por primera vez solo a profesionales bolivianos" y dándole el valor de "legislación descolonizadora", pero sin mencionar que tan importante instrumento de su auto proclamada política de "dignidad plurinacional" es copia del proyecto presentado por el presidente Sánchez de Lozada (a quien derrocó y acusó de neoliberal) y que fue redactado como "anteproyecto del Código del Proceso Civil" por los abogados bolivianos Mario Cordero Miranda, Enrique Díaz Romero y Kenny Prieto Melgarejo, citado incluso como libro *El Nuevo Proceso Civil*, de Editorial Kipus.

Plagiar es "copiar en lo esencial obras ajenas dándolas como propias", y cuando además se le da sentido fundacional y político por el jefe del estado plurinacional, es simplemente "corrupción". Se trata delitos cometidos por la organización que controla hoy el Gobierno de Bolivia y todo el poder, agravados porque —otro botón de muestra— José César Villarroel Bustios, uno de los presuntos redactores del código procesal civil plagiado por el dictador Morales, es ahora candidato elogiado, destacado y seleccionado por el régimen, y seguro "elegido" como magistrado del Tribunal Supremo de Justicia (TSJ). Así se controla la justicia en Bolivia por el socialismo del siglo XXI, con plagio y corrupción.

Bolivia: La constitución del estado plurinacional es nula

CARLOS SÁNCHEZ BERZAÍN
Septiembre 24, 2017

Ningún recurso puede habilitar a Evo Morales, ni legalizar su sistema, porque toda la estructura constitucional en la que se ampara el régimen es ilegal, ya que la Constitución de su estado plurinacional es nula de pleno derecho y es solo la frágil careta de un gobierno de facto.

En Bolivia se ejecuta otra maniobra para la permanencia indefinida en el poder, pese al mandato del referéndum de 21 de febrero de 2016 en el que el pueblo dijo NO. Es otra operación castrochavista que busca seguir simulando una democracia que no existe, poniendo en escena un recurso constitucional para que sus jueces manipulados falseen la prohibición de reelección establecida en su constitución, que en el tema ya violaron dos veces. Ningún recurso puede habilitar a Evo Morales, ni legalizar su sistema, porque toda la estructura constitucional en la que se ampara el régimen es ilegal, ya que la Constitución de su estado plurinacional es nula de pleno derecho y es solo la frágil careta de un gobierno de facto.

La situación de la que hoy es víctima Bolivia está documentada en la denominada "agenda de Octubre", el acuerdo político de octubre de 2003 para justificar el derrocamiento del presidente constitucional Gonzalo Sánchez de Lozada por la llamada "guerra del gas". Los nuevos detentadores del poder —Evo Morales, Carlos Mesa, Felipe Quispe, otros y los denominados movimientos sociales— establecieron como objetivos de la triunfante conspiración "la convocatoria a asamblea constituyente", "la nacionalización de hidrocarburos", "la persecución al gobierno derrocado", "borrar a los partidos políticos", "antiimperialismo".

La Constitución Política del Estado de la República de Bolivia (CPE) reformada en 1994 —marco legal en el que se firma y se ejecuta la "agenda de Octubre"— NO admite la "reforma total de la Constitución" ni la convocatoria a Asamblea Constituyente, pues instituye un sistema de "reforma parcial" que se inicia con una ley de necesidad de la reforma en un periodo constitucional que se puede aprobar o rechazar en el siguiente periodo constitucional, procedimiento destinado a evitar que los reformadores se beneficien con los cambios, sobre todo en lo relativo a la reelección del Presidente.

La CPE determina en su Artículo 230 que: "Esta Constitución puede ser parcialmente reformada, previa declaración de la necesidad de reforma, la que se determinará con precisión en una ley ordinaria aprobada por dos tercios de los miembros presentes en cada una de las Cámaras"…: y en su Art. 231 que: "En las primeras Sesiones de la Legislatura de un nuevo periodo constitucional se considerará el asunto por la Cámara que proyectó la reforma y, si ésta fuere aprobada por dos tercios de votos, se pasaran a la otra para su revisión, la que también requerirá dos tercios".

Cumpliendo el mandato precedente, en de agosto de 2002 (antes del derrocamiento de Octubre de 2003) se había promulgado la ley de "necesidad de reformas de la Constitución Política del Estado" que proponía cambios en los Arts. 231,232 y 233, en el sistema de "reforma parcial de la Constitución" introduciendo el "Referéndum Constitucional para aprobar o rechazar la reforma", de manera que en lugar de aprobarse la reforma constitucional solo en el Congreso lo haría un referéndum.

Para ejecutar la "agenda de octubre" usaron la ley de necesidad de la reforma de agosto de 2002, pero suplantando su contenido. Promulgaron la ley 2631 de "Reforma de la Constitución Política del Estado" el 20 de febrero de 2004 ignorando la ley de necesidad de la reforma e introduciendo "la asamblea constituyente" para la "reforma total de la Constitución", cometiendo, falsedad, suplantación, violación de la Constitución porque una ley de reforma constitucional solo se puede "aceptar o rechazar", no es modificable y no está permitida ni es posible la "reforma total de la Constitución". Por eso, la ley 2631 de reforma constitucional de 2004 es nula de pleno derecho por mandato del Art. 31 de la Constitución, que enseña: "son nulos los actos de quienes usurpen funciones que no les competen, así como los actos de los que ejerzan jurisdicción o potestad que no emane de la ley".

La comparación de los textos de la ley de necesidad de reforma con la ley de reforma constitucional prueban los crímenes cometidos y la nulidad absoluta: Ley de necesidad de reforma, texto propuesto dice, "Art. 232 *La Reforma Constitucional quedará aprobada con la mayoría simple de votos válidos favorables emitidos en el Referéndum Constitucional y pasará al Ejecutivo para su promulgación sin que el Presidente de la República pueda observarla o vetarla*". La Ley de reforma constitucional, texto aprobado dice, "Art. 232 *La Reforma total de la Constitución Política del Estado es potestad privativa de la Asamblea Constituyente, que será convocada por Ley Especial de convocatoria, la misma que señalará las formas y modalidades de elección de los constituyentes, será sancionada por dos tercios de voto de los miembros presentes del H. Congreso Nacional y no podrá ser vetada por el Presidente de la República*".

De esta manera la trampa estaba lista y Evo Morales como primer acto de su gobierno promulgó la ley 3464, de 6 de marzo de 2006, convocando a la "Asamblea Constituyente" en base a la írrita reforma constitucional de 20 de febrero de 2004. Esta ley de convocatoria contiene disposiciones que también fueron violadas, por ejemplo: El Art. 6 estableció su sede en Sucre la Capital de la República, pero trasladaron su sala de sesiones a un cuartel y —luego de la masacre de "la Calancha" ejecutada en Sucre por Evo Morales— la Asamblea terminó en la ciudad de Oruro; el Art. 24 estableció la duración de la Constituyente en "un periodo de sesiones continuo e ininterrumpido no menor a seis meses ni mayor a un año calendario a partir de su instalación", y pasado el año no había aprobado nada y por lo tanto había cesado en su competencia (si tenía alguna), pero siguieron; el Art. 25 establecía que "la Constituyente aprobará el texto de la Nueva Constitución con dos tercios de votos…" y el nuevo texto terminó siendo redactado clandestinamente y aprobado por el Congreso Nacional, ignorando el de la Constituyente.

Si los delitos hasta aquí demostrados no son suficientes, aprobaron la ley 3941 promulgada por Morales el 21 de octubre de 2008 "interpretativa" del Art 232 (ya suplantado en la nula reforma constitucional de 2004) aumentándole el texto siguiente: *"Concluido el proceso constituyente y recibida la propuesta constitucional, para ser sometida a consideración del pueblo soberano, el H. Congreso Nacional podrá realizar los ajustes necesarios sobre la base de la voluntad popular y del interés nacional, por Ley especial del Congreso, aprobada por dos tercios de votos de sus miembros presentes…*

De esta manera "ajustaron la constitución a su medida" y con persecución política, masacres en la Calancha, Provenir, Las Américas, Cochabamba… con presos y exiliados políticos y con fraude, aprobaron su "constitución en el modelo castrochavista", crearon el "estado plurinacional de Bolivia" suplantando la República de Bolivia, buscando dividir la "nación boliviana" alentando la lucha entre nacionalidades para multiplicar la confrontación entre bolivianos, suprimieron las instituciones democráticas tomando control total e indefinido del poder y procedieron a organizar su nuevo orden dictatorial hoy señalado como narcoestado.

Ahora en Bolivia el castrochavismo manipula su sistema para "habilitar al jefazo Evo Morales", fraguando la decisión de un tribunal infame, preparando fraude electoral para mantenerse en el poder como garantía de impunidad para mistificar la crisis económica, tapar sus crímenes, su corrupción y el narcoestado. Igual que en Venezuela, Cuba, Nicaragua…, pero su constitución es nula, sus actos son delictivos y el pueblo boliviano lo sabe.

Agenda transnacional, régimen de facto y dictadura en Bolivia

CARLOS SÁNCHEZ BERZAÍN
Diciembre 3, 2017

Instalar y perpetuar dictaduras reclamando condición de democracias sucedieron en Venezuela con Hugo Chávez y Nicolás Maduro, en Nicaragua con Daniel Ortega, en Ecuador con Rafael Correa y en Bolivia con Evo Morales. Ahora, en el mismo modelo, el tribunal plurinacional del régimen, usando la falacia de que "la reelección indefinida es un derecho humano", cumple la agenda transnacional del castrochavismo para consolidar y sostener en Bolivia el régimen de facto del dictador Evo Morales.

"De facto" es un régimen "de hecho, impuesto por la fuerza y sin legitimidad". Establecer las dictaduras del siglo XXI con jefes e impunidad indefinidas es una agenda criminal que pasa por el acceso al poder con falsedades populistas, manipulación electoral, destrucción del sistema de partidos políticos, suplantación de la Constitución y del sistema legal, control de todos los poderes, destrucción de la institucionalidad del Estado, persecución política judicializada con presos y exiliados políticos, manipulación de la justicia, dogmática castrista y antiimperialista, implantación de un sistema de miedo con premios y castigos, destrucción de la libertad de prensa, asesinato de la reputación de los opositores, estatismo y corrupción sin límites, narcotráfico, vínculos y soporte al terrorismo,... opresión, crisis y gobiernos de facto de delincuencia organizada.

Es la metodología fundada en la mentira permanente y progresiva, en el engaño sostenido y en la comisión de todos los delitos necesarios con impunidad garantizada por la permanencia indefinida en el poder. La aplicación mejorada -con careta de democracia- del sistema de la dictadura castrista de Cuba que los mantiene 60 años en el poder. Es la sucesión de crímenes que van desde la simulación de la condición de víctimas y defensores de derechos humanos, hasta la eliminación política y/o física de los opositores, destruyendo la política para tener una oposición engañada, domesticada, simulada, funcional, falsa o inexistente.

Lo que sucede ahora en Bolivia para permitir que Evo Morales sea candidato el 2019, con elecciones fraguadas y fraude electoral para que se perpetúe en el poder, ya sucedió en Venezuela con Hugo Chávez cuando perdió el referéndum de 2 de diciembre 2007, en el que los venezolanos dijeron NO a la reelección indefinida, pero Chávez manipuló y gobernó hasta su muerte el 5 de marzo de 2013; ya aconteció en Ecuador con Correa el 2015 cuando con la Asamblea Legislativa del régimen aprobó la reelección indefinida prohibida en la propia constitución correísta; ya lo hizo Ortega en Nicaragua en enero de 2014 cuando reformó la constitución para la reelección indefinida luego de maniobras judiciales y legislativas. Todos fueron actos criminales que rompieron la democracia.

En Bolivia, Evo Morales ejecutando el acta del derrocamiento del año 2003 denominada la "agenda de Octubre", suplantó la ley de necesidad de reforma constitucional introduciendo como falsificación la "asamblea constituyente", cambiando totalmente el texto del Art. 232 y haciendo que por ley 2631 se cometan los delitos de falsedad, alta traición y otros, con reiterada ruptura de la democracia. Luego Evo Morales impuso a sangre, fuego y sobornos su constitución plurinacional el 2009 con las masacres de Cochabamba, Porvenir en Pando, Hotel las Américas en Santa Cruz, la Calancha en Sucre y otras; falseó la facultad de "interpretar la Constitución" por ley 3941 para redactar una constitución en el molde castrochavista, liquidando la República de Bolivia, logrando que la oposición del momento proclamara que era la constitución de la "unidad nacional", engañándolos o convenciéndolos de que se reelegiría solo una vez consecutiva, rompiendo otra vez la democracia con fraude en el referéndum incluido. Y se reeligió de inmediato el 2009.

El 2014 Evo Morales ya no podía ser candidato por su propia constitución, pero un fallo del tribunal constitucional plurinacional lo habilitó con el argumento de que la primera elección de 2005 había sido en la "inexistente República de Bolivia" y que habiendo sido fundado el estado plurinacional el 2009 la reelección de 2014 era la primera para Evo Morales. La oposición desesperada sacó un "documento secreto" acordado entre Morales y la oposición con garantía de la Organización de Estados Americanos (OEA) de Insulza, en el que Morales se comprometía expresamente a no ser candidato el 2014, pero el reclamo solo sirvió para el silenciamiento y posterior retiro del segundo de Insulza de la OEA. Volvió a morir la democracia.

Luego de su tercera elección consecutiva el 2014, Evo Morales indujo un referéndum para perpetuarse en el poder y Bolivia dijo NO el 21 de febrero de 2016. Pero la agenda castrochavista no cambia y con la falacia de su "derecho humano de ser candidato indefinidamente" acaba de digitar la "sentencia infame" de su tribunal constitucional, el mismo órgano que lo habilitó ilegalmente para el 2014 y que le tapa todos sus crímenes de Estado, declarando constitucionales las persecuciones políticas, los enjuiciamientos falaces, la irretroactividad de las leyes infames del régimen, la corrupción, la ampliación de los cultivos de coca para el narcotráfico...

Acabaron con la democracia en Bolivia con el derrocamiento del 2003, con la ley de necesidad de reforma de 2004, con la constituyente de 2008 y la constitución plurinacional de 2009, con la prohibida reelección de Evo Morales el 2014, y ahora -es la quinta vez- con la "sentencia infame" de 2017. Está claro que el régimen que detenta el poder en Bolivia es DE FACTO y que Evo Morales es DICTADOR, pero la agenda sigue y ahora viene la puesta en escena de llevar a los bolivianos a las elecciones de 2019, haciéndoles creer que Morales puede perder, que la oposición se puede unir, que pueden ser elecciones limpias, que se puede sacar una dictadura con votos... La tramoya castrochavista en Bolivia está solo unos pocos capítulos atrasada frente a la de Venezuela, pero con el mismo objetivo de consolidar y perpetuar dictaduras en países intervenidos.

LA PATRIA ESTÁ CAUTIVA

Dictadura castrista humilla
a patriotas latinoamericanos

CARLOS SÁNCHEZ BERZAÍN
Julio 11, 2016

La persecución política del castrismo contra los defensores de la libertad y la democracia no tiene límite ni consideración. Desde el "asesinato de la reputación" hasta la eliminación física, ataques personales, agresiones físicas, humillaciones y torturas, ejercen una gama criminal que solo la dictadura puede permitirse para la retención indefinida del poder. Una víctima de los despiadados métodos de la dictadura castrista —ejecutados por su operador Evo Morales— es el General Gary Prado Salmón, miembro de las Fuerzas Armadas de la República de Bolivia, reconocido en la historia por haber capturado al Che Guevara.

El dirigente cocalero Evo Morales llegó a la presidencia de Bolivia por la directa acción de Chávez y Castro, y se sostiene en el gobierno por la misma intervención externa. Acabó con la democracia en el país y se ha convertido en dictador con pretensiones de reinar a perpetuidad, como Fidel Castro a quien llama públicamente "papá". Ha suplantado la Constitución Política del Estado, ha liquidado la República de Bolivia y la ha sustituido por el "estado plurinacional" siguiendo la franquicia castrista ejecutada en Venezuela, Ecuador y Nicaragua. Ha eliminado la oposición política real, es responsable de más de 20 masacres sangrientas que suman centenas de muertos y heridos, tiene decenas de presos políticos, ha hecho desparecer el estado de derecho y la división e independencia de los órganos del poder público, usa como mecanismo de represión a fiscales y jueces. Ha judicializado la represión política y criminalizado la libertad, logrando con ese método que hoy no exista prensa libre; ha iniciado innumerables juicios por delitos inventados con prueba fraudulenta, con los que encubre sus propios crímenes, dando lugar a la existencia de más de mil exiliados bolivianos en Argentina, Brasil, Paraguay, Perú, Estados Unidos y España.

La guerrilla de Ñancahuazú perpetrada como un acto de agresión contra Bolivia terminó con la ejecución del Che Guevara, que fue capturado vivo por el entonces Capitán Gary Prado Salmon, quien tuvo una destacada carrera militar alcanzando el grado de General; considerado como un militar progresista de izquierda que luego de retirarse del servicio activo fue candidato del Movimiento de la Izquierda Revolucionaria, Embajador de Bolivia ante el Reino Unido en Londres y en México. Sufre parálisis de medio cuerpo, es un impedido confinado a una silla de ruedas desde que recibió un balazo misterioso como Comandante de la VIII División de Ejército.

Lo que no pudo el Che Guevara lo hizo Evo Morales cometiendo "traición a la Patria", convirtiendo a Bolivia en territorio ocupado, en uno más de los satélites del socialismo del siglo XXI propiedad de los Castro desde la muerte de Hugo Chávez. La presencia cubana en Bolivia va desde los servicios de seguridad del estado, la identificación de las personas y control ciudadano, el servicio de correos, las telecomunicaciones, educación, alfabetización, agricultura, medicina, hasta áreas en las que el castrismo solo ha conseguido corrupción y más pobreza en los 57 años de opresión de Cuba. Sin embargo, el aspecto más vergonzoso de la intervención castrista en Bolivia tiene que ver con las Fuerzas Armadas, el Honor, la Dignidad nacionales, pues han convertido al agresor Che Guevara en un ídolo del gobierno, le hacen monumentos y rinden honores instalando su imagen en las oficinas públicas, mientras avergüenzan, persiguen y humillan a los defensores de la Patria que como soldados —excombatientes antiguerrilleros— no tienen siquiera una pensión.

Para instaurar la dictadura y liquidar la oposición de seis de los nueve departamentos de Bolivia, Evo Morales aplicó estrategia criminal castrista, montó actos criminales, entre ellos el denominado separatismo o "caso Rosza" con el que encubre sus delitos en la "masacre del Hotel Las Américas" en Santa Cruz, y ha incluido como acusado en esta persecución judicial al Gral. Gary Prado, quien es obligado a asistir por horas a audiencias en su silla de ruedas, causándole intencionalmente daños graves a su salud por la inmovilidad a la que lo someten, humillándolo con una detención domiciliaria —tan injusta como innecesaria— desde hace mas de 5 años. El dictador Evo Morales —como títere de la venganza castrista— ha convertido al Gral Gary Prado en su preso político y lo está asesinando lentamente por medio de su servil aparato judicial.

Pero el Gral. Gary Prado no es el único patriota boliviano humillado por la dictadura castrista-cocalera en Bolivia. En el mismo caso del falso separatismo, decenas de bolivianos han sido encarcelados, extorsionados, torturados y obligados a aceptar acusaciones falsas para proteger a sus familias y recuperar su libertad, o están exiliados. Evo Morales, para encubrir los crímenes que cometió en octubre de 2003 derrocando al presidente Sánchez de Lozada, inició en persona juicio contra los gobernantes de la democracia depuesta forzándolos al exilio y mantiene en la cárcel —como presos políticos— a los generales Claros, Rocabado, Veliz, Quiroga y Aranda, miembros institucionales el Alto Mando Militar. Evo Morales ha acusado judicialmente a los gobernadores de Cochabamba, Tarija, Chuquisaca, Beni y Pando;

para encubrir sus crímenes de la "masacre del Porvenir" tiene como preso político al de Pando, para encubrir los asesinatos del joven Urresti y otros ha exiliado al de Cochabamba, al de Tarija, y procesa a los de Chuquisaca y Beni.

Es la dictadura castrista que humilla a Bolivia en la persona de General de la República Gary Prado. Pero es un tema regional, el castrismo hace lo mismo en Venezuela con Leopoldo López y decenas de patriotas, en Ecuador y en Nicaragua; lo hizo y hace con miles de cubanos. Es un tema regional, los patriotas que se oponen en Latinoamérica al castrismo no tienen derechos humanos ni presunción de inocencia ni debido proceso, ni juez imparcial, no los protege la irretroactividad de la ley ni se sabe de reclamos por ellos.

El límite del derecho propio
es el derecho de los demás

CARLOS SÁNCHEZ BERZAÍN
19 de noviembre de 2017

Es este contexto, el régimen de Evo Morales se ha demandado a si mismo buscando la inconstitucionalidad de la norma que permite la reelección consecutiva del presidente solo una vez -después de haberse reelegido ya dos veces consecutivas- argumentando que de acuerdo al Art. 23 del Pacto de San José, el dictador Morales tiene "el derecho humano de ser indefinidamente reelegido". Una vergüenza jurídica y política, porque el Art 23 protege a los bolivianos y no a Morales y el Art 32.2 del mismo Pacto de San José determina la "correlación entre derechos y deberes" y establece que *"Los derechos de cada persona están limitados por los derechos de los demás, por la seguridad de todos y por las justas exigencias del bien común".*

Para mantenerse indefinidamente en el poder simulando democracia, los regímenes del castrochavismo realizan múltiples e ilegales maniobras constitucionales, judiciales y electorales en Venezuela, Nicaragua, Bolivia y Ecuador. La constante de estas manipulaciones es la violación de los derechos humanos. Ahora en Bolivia, el tribunal constitucional del régimen tiene lista una sentencia declarando "como derecho humano que Evo Morales se reelija indefinidamente", violando así los derechos humanos de todos los bolivianos porque el Art 32, 2 de la Convención Interamericana de Derechos Humanos o Pacto de San José manda que *"los derechos de cada persona están limitados por los derechos de los demás, por la seguridad de todos y por las justas exigencias del bien común, en una sociedad democrática"*

Es principio universal que *"el derecho propio tiene por limite el derecho de los demás".* Es fundamento del "estado de derecho" destinado a garantizar que en casos como el de Evo Morales no hay derecho frente a la libertad y a los derechos políticos de todo un pueblo. Así lo manda precisamente el Art. 23 del Pacto de San José (que invoca el régimen dictatorial boliviano) cuando consagra los derechos políticos como "derechos de todos los ciudadanos" que deben cumplirse en "igualdad de condiciones".

La ruptura de la "correlación entre deberes y derechos" es una característica de las dictaduras. En democracia con elemento esencial el estado de derecho, rige la ley y la igualdad jurídica para todos y el equilibrio entre deberes y derechos es fundamental. Cuando un ciudadano tiene mas derechos que deberes es un abuso y una ilegalidad, pero cuando el que tiene mas derechos o solo derechos es quien ejerce autoridad estamos frente a un dictador que se ha puesto por encima de la ley. Si un individuo y su grupo que integran el régimen tienen mas derechos, el pueblo pasa a la condición de servidumbre y sometimiento que es todo lo contrario de la libertad y la igualdad de la democracia.

El caso boliviano es tenebroso: Evo Morales llegó al poder por elecciones el año 2006 con mandato para un solo período de cinco años y sin posibilidad de reelección continua, pero con el modelo castrochavista igual que Venezuela y Ecuador, fraguó una "asamblea constituyente" prohibida por la Constitución Política del Estado; luego de fraudes, múltiples crímenes, masacres sangrientas, con presos y exiliados políticos aprobó su constitución en 2009 en la que suplanta la República de Bolivia por el Estado Plurinacional, cambiando el nombre de todos los poderes del Estado para vaciarlos y controlarlos nombrando a sus títeres como jueces, magistrados electorales, senadores, diputados, fiscales, etc. En su constitución incluyó la reelección consecutiva del Presidente por una sola vez.

Con la constitución plurinacional -un estatuto para la dictadura- Evo Morales convocó de inmediato a elecciones el año 2009 en las que fue reelegido para su segundo periodo presidencial continuo. Llegaron las elecciones para el periodo que iniciaba el 2014 en las que Morales ya NO podía participar -porque su constitución establecía la reelección consecutiva solo por una sola vez que ya había usado el 2009- pero un "fallo infame" de su Tribunal Constitucional lo habilitó como candidato por tercera vez consecutiva, con el argumento de "que habiendo desaparecido la República de Bolivia, Evo Morales había sido elegido una sola vez en la vigencia del Estado Plurinacional, de manera que la candidatura de 2014 se computaría como su primera reelección". Así, un "tribunal infame" convirtió la segunda reelección en primera y Evo Morales volvió reelegirse fraudulentamente el 2014 hasta 2019.

Apenas asumió su tercer mandato luego de su segunda reelección continua, Evo Morales comenzó maniobrar en busca de la reelección indefinida y llevó el tema a un referéndum en el que el tomó el "si" para perpetuarse en el poder y dejó el "NO" para el rechazo a su permanencia. En el referéndum del 21 de Febrero de 2016, pese a al fraude, la manipulación, la campaña de miedo y amenazas, BOLIVIA DIJO NO. Es un NO que brindaba la posibilidad de recuperar la democracia con una salida institucional de la dictadura castrochavista de Bolivia, pero Morales calificó como "un error" del pueblo, algo que se podía corregir, o como solo el "primer tiempo" del partido de fútbol por la impunidad perpetua.

Es este contexto, el régimen de Evo Morales se ha demandado a si mismo buscando la inconstitucionalidad de la norma que permite la reelección consecutiva del presidente solo una vez

-después de haberse reelegido ya dos veces consecutivas- argumentando que de acuerdo al Art. 23 del Pacto de San José, el dictador Morales tiene "el derecho humano de ser indefinidamente reelegido". Una vergüenza jurídica y política, porque el Art 23 protege a los bolivianos y no a Morales y el Art 32.2 del mismo Pacto de San José determina la "correlación entre derechos y deberes" y establece que *"Los derechos de cada persona están limitados por los derechos de los demás, por la seguridad de todos y por las justas exigencias del bien común, en una sociedad democrática".*

Son derechos humanos los que violó Hugo Chávez cuando perdiendo referéndums y elecciones puso su voluntad y sus crímenes por encima de la ley para someter a los venezolanos; derechos humanos los que violó y viola el dictador Nicolás Maduro atribuyéndose los derechos del pueblo con una constituyente criminal; lo mismo hizo Rafael Correa para mantenerse 10 años en el poder; Daniel Ortega retiene indebidamente el gobierno con "sentencias infames" de jueces del régimen. Todos digitados por Cuba, en Venezuela, Nicaragua, Ecuador y Bolivia, igual, con la misma metodología, con gobiernos de delincuencia organizada, con corrupción, con mas pobreza, con narcotráfico, con crisis económicas, con presos y exiliados políticos.

El 21 de febrero Bolivia derrotó otra vez al dictador Morales

CARLOS SÁNCHEZ BERZAÍN
Febrero 25, 2018

En Bolivia, el 21 de febrero de 2016 el régimen hizo un referéndum para aprobar la reelección indefinida de Evo Morales con un SI, en el mismo modelo ya impuesto en Venezuela, Nicaragua y Ecuador. Pero Bolivia dijo NO y ese día pasó a la historia como 21F. Igual que Hugo Chávez en Venezuela después de peder el referéndum en 2007, Evo Morales fraguó una "sentencia infame" y su tribunal constitucional declaró como derecho humano simular y manipular su reelección indefinidamente. El 21 de febrero de 2018, con un contundente paro cívico nacional movilizado BOLIVIA derrotó otra vez al dictador cocalero conminándolo a cumplir el NO del 21F.

La destrucción de la democracia en Bolivia está marcada por el derrocamiento del Presidente Sánchez de Lozada en 17 de octubre de 2003. Luego establecieron "amnistía" para los conspiradores y golpistas que pasaron a ser acusadores, testigos y jueces de los derrocados. En 2004 suplantaron la ley de necesidad de reforma constitucional para falsificar la constitucionalidad de una "asamblea constituyente". Evo Morales juró a la presidencia en enero de 2006 por un solo periodo de cinco años con expresa prohibición constitucional de reelección continua. Convocó a su constituyente y luego de masacres, asesinatos, presos, exiliados y fraude liquidó la Republica de Bolivia e impuso el Estado Plurinacional el 2009.

En la constitución del Estado Plurinacional impuso la reelección consecutiva por una sola vez y de inmediato Morales convocó a elecciones y el mismo 2009 juró como Jefe del Estado Plurinacional. Así ya en 2009 desparecieron la división e independencia de poderes, Morales tomó control del Poder Legislativo y designó y subordinó los miembros del Poder Judicial y Electoral; despareció el "estado de derecho" con la agenda de las "leyes infames" (que violan los derechos humanos) como la que permite la "retroactividad de la ley" para perseguir dirigentes políticos. Se oficializó la persecución política judicializada.

Evo Morales debió entregar el poder en enero de 2011, pero con la creación castrochavista del estado plurinacional (copia de la República Bolivariana de Venezuela) se reeligió consecutivamente por primera vez el año 2009 con obligación de dejar el poder en enero de 2014. Con el control del poder judicial fraguó una sentencia que le permitió reelegirse por segunda vez consecutiva para un tercer periodo el 2014 con el falaz argumento de que "habiéndose creado el Estado plurinacional en 2009, la elección de ese año era la primera, porque la elección de 2005 en la desparecida República de Bolivia no cuenta".

Con la agenda ya ejecutada en Venezuela, Ecuador y Nicaragua, apenas tomó posesión del tercer periodo presidencial en 2014, Evo Morales planteó la necesidad de ser reelegido indefinidamente y para eso puso en escena el referéndum del 21 de febrero de 2016 que según sus cálculos debió ser una victoria fácil antes de que el pueblo sienta la crisis económica inevitable por su modelo, narcoestado y corrupción.

La derrota del referéndum de 21F es para Evo Morales la pérdida de cualquier atisbo de democracia. Trajo consigo la reacción generalizada de la ciudadanía que de manera sostenida y creciente, mas allá de partidos políticos o de figuras de oposición de dudosa independencia con el régimen, ha hecho del cumplimiento del NO del 21F un objetivo nacional planteando la "recuperación de la democracia" y la "restitución de la República de Bolivia".

El pueblo boliviano ha vuelto a derrotar a Evo Morales y su régimen este 21 de Febrero. La derrota ha sido tan contundente que el régimen ha urdido incluso la utilización de noticias falsas sobre la persecución política judicializada contra el presidente Sánchez de Lozada.

Evo Morales está señalado por los bolivianos como dictador y jefe de un gobierno de facto cada vez mas ilegitimo con intervención externa de Cuba y Venezuela. Los esfuerzos del régimen se concentran en manipular información, meter miedo a la población, presionar y sobornar dirigentes sectoriales, funcionales y regionales para que desmovilicen a la ciudadanía, y afirmar como "enemigo externo al imperialismo de los Estados Unidos" y como "enemigo interno al neoliberalismo y la derecha".

Por la decisión del pueblo boliviano, Evo Morales y su régimen son solo otra de las dictaduras del castrochavismo que va cayendo.

El mar, La Haya y otro engaño de la dictadura al pueblo boliviano

CARLOS SÁNCHEZ BERZAÍN
Marzo 18, 2018

Bolivia fue privada de su acceso soberano al mar, de un gran territorio en la costa del Pacífico e ingentes recursos naturales con la guerra de invasión perpetrada por Chile en 1879, afectando al Perú -—aliado boliviano— que sufrió la ocupación de Lima por fuerzas chilenas y la pérdida de Arica. La reivindicación marítima boliviana es un derecho indiscutible, es el tema más importante de unidad nacional en Bolivia, pero es también el mejor instrumento de utilización política. Evo Morales y su régimen manipulan el tema del mar en La Haya como otro engaño de su dictadura al pueblo boliviano.

La paz de la "Guerra del Pacífico" se acordó con el Tratado de Paz y Amistad 1904 entre Bolivia y Chile, y con el Tratado de Lima de 1929 entre Perú y Chile cuyo protocolo complementario establece que *"Los Gobiernos del Perú y de Chile no podrán, sin previo acuerdo entre ellos, ceder a una tercera potencia la totalidad o parte de los territorios que, en conformidad al Tratado de esta misma fecha, quedan bajo sus respectivas soberanías."* Por eso, cualquier solución con acceso soberano al mar para Bolivia es un tema tripartito con Chile y Perú.

Hubo gran número de iniciativas para resolver este asunto. Diálogos bilaterales y multilaterales, iniciativas académicas y políticas, demandas internacionales, declaraciones, buenos oficios de organismos y estados, mediaciones, abrazos de dictadores militares, negociaciones directas, reservadas y secretas. El intelectual y presidente boliviano Walter Guevara planteó la tesis de "Arica trinacional" como solución de zona compartida entre los tres países.

Desde 1978 no existen relaciones diplomáticas entre Chile y Bolivia. La mediterraneidad causa a Bolivia la pérdida anual de por lo menos el 1% del Producto interno Bruto (PIB), de manera que en 139 años el país está reducido a menos de la mitad de lo que sería con sus puertos sobre el Pacífico.

Como acción política de propaganda, con altos gastos, asesores internacionales, gran planilla nacional y montado en la influencia del socialismo del Siglo XXI, Evo Morales y su régimen decidieron la utilización castrochavista de la reivindicación marítima de Bolivia para sostener su deteriorada imagen, tapar la crisis y distraer al pueblo. Manipulando "el tema respecto al que ningún boliviano puede estar en contra" demandaron en La Haya pidiendo que la Corte Internacional de Justicia "determine la obligación de negociar" de Chile con Bolivia.

La causa marítima boliviana ha sido reducida a instrumento político del régimen de Evo Morales, que la usa como otro balón de oxígeno para la dictadura en el modelo de Maduro en Venezuela. La realidad objetiva así lo demuestra:

1.- NO se ha demandado la reivindicación marítima de Bolivia. NO se trata el tema de fondo. Solo piden que se "determine la obligación de negociar" de Chile con Bolivia, para lo que nunca se ha necesitado una millonaria demanda.

2.- El objetivo de la demanda es bilateral -de Bolivia a Chile- sobre un tema trilateral. Cualquier solución o demanda debe incluir al Perú por el Tratado de Lima de 1929.

3.- ¿Si La Haya favorece la demanda de Morales y Chile no accede a negociar? ¡NO pasa nada!

4.- ¿Si la Haya favorece la demanda de Morales y Chile negocia sin resultados? ¡NO pasa nada! Negociar no quiere decir tener un acuerdo, y menos tener mar.

5.- Evo Morales con su narcoestado inunda de cocaína a Chile, Argentina, Brasil y otros países. La posición de Chile sobre este asunto es más que clara. ¿Renunciará Morales a su relación de crimen organizado transnacional con Venezuela, Cuba y Nicaragua en esta materia, con carácter previo o en una negociación?

6.- El régimen manipula este show para desmovilizar el repudio del pueblo boliviano a la perpetuación dictatorial de Evo Morales, desconocer el referéndum del 21F que dijo NO más Evo, tapar su corrupción y simular -con una peregrinación a La Haya- unidad con políticos complacientes, engañados o reclutados, que sabiendo todo esto y mucho más, se han convertido en el coro del dictador.

7.- Evo Morales ha expresado su confianza en la influencia sobre los jueces de La Haya por parte de sus aliados de Cuba, Venezuela, Nicaragua, Ecuador y los países del Petrocaribe, el apoyo de Rusia, China, Irán y gobiernos "antiimperialistas" o "pro terroristas" para lograr la "orden de diálogo o negociación" y presentarla como "una victoria histórica". Estrategia dictatorial pura y dura.

Simuladores de oposición en las dictaduras de crimen organizado

CARLOS SÁNCHEZ BERZAÍN
Abril 8, 2018

La farsa montada por el dictador Nicolás Maduro para manipular elecciones en Venezuela y perpetuarse en el poder, ha puesto en evidencia a los simuladores de oposición, como otro de los elementos fundamentales de las dictaduras en las Américas. En su afán de aparentar democracia, necesitan tener una oposición y la implementan con operadores cómplices que contribuyen al sostenimiento del régimen. Los simuladores de oposición actúan en Venezuela, Bolivia y Nicaragua para sostener las dictaduras de crimen organizado.

No hay democracia ni elecciones validas en regímenes que manipulan el voto con un sistema unipartidista forzado e impuesto como sucede en Cuba. Pero, en la expansión castrista del siglo XXI la dictadura optó por la utilización de la democracia para la suplantación institucional y la eliminación de sus elementos esenciales. Utilizaron el voto popular para hacer fraude, suplantaron las constituciones políticas y reemplazaron la estructura institucional por estatutos dictatoriales que prueban en sí mismos la inexistencia de democracia.

Bajo digitación de Cuba, Venezuela con Hugo Chávez y Nicolás Maduro, Bolivia con Evo Morales, Nicaragua con Daniel Ortega y en su momento Ecuador con Rafael Correa, realizaron elecciones frecuentes y para ganarlas siempre, montaron un sistema delictivo de simulación. Parte del fraude y la simulación implementados por el socialismo del siglo XXI hoy convertido en dictaduras de crimen organizado, fue y es la formación, domesticación y manipulación de "simuladores de oposición".

Son simuladores de oposición los actores políticos y sociales en Venezuela, Bolivia y Nicaragua, que aparentan, fingen o imitan ser contarios al régimen cuando en realidad actúan para sostenerlo. Se presentan como contarios, prometen cambios, proponen ganar elecciones para devolver la libertad al pueblo, cuando en realidad solo le están haciendo el juego a la perpetuación indefinida del dictador. Los simuladores de oposición son parte imprescindible del fraude y del engaño a los ciudadanos y la comunidad internacional. La oposición simulada es simplemente trampa, tongo, fraude, o sea parte de los delitos que los regímenes de crimen organizado institucionalizan con apariencia de normalidad para detentar el poder.

El caso más notable en este momento es la candidatura presentada como oposición en las elecciones que la dictadura ha convocado ilegal e ilegítimamente en Venezuela. Todo el mundo sabe que se trata de un proceso vicioso y viciado destinado a perpetuar a Nicolás Maduro. Es la convocatoria por una Asamblea Constituyente de facto, que ejerce usurpando el poder para sostener la dictadura en un país convertido en narcoestado. Hay que insistir, se trata de un acto criminal que hace tan responsables de los delitos al régimen dictatorial como los simuladores de oposición.

Lamentablemente la simulación de oposición para beneficiar y sostener a las dictaduras de crimen organizado no solo se aplica en Venezuela, se extiende y existe en Bolivia y en Nicaragua donde hay resabios muy pequeños y limitados resistencia política y cívica, imposibilitada de tomar el poder mediante elecciones limpias y justas, con sus líderes inhabilitados, convertidos en presos políticos o exiliados.

Ahora se sufre la utilización de "simuladores de oposición" en Venezuela y es urgente denunciarla para que el mundo sepa que en las elecciones del 20 de mayo próximo es la dictadura castro-chavista de Venezuela la que maneja el candidato oficialista y la oposición simulada. La demostración es muy sencilla y consiste en la negativa de las agrupaciones políticas y ciudadanas a participar de tan escandaloso hecho criminal.

El siguiente escenario en el que ya se maniobra con simuladores de oposición es Bolivia, donde Evo Morales, inhabilitado para ser candidato el 2019 por mandato del referéndum 21F, impulsa una prematura campaña electoral en la que ya aparecen candidatos que tienen el encargo del régimen de multiplicarse para dividir el rechazo popular y de engañar a los bolivianos convenciendo que pueden ganarle al dictador. Los nombres de los simuladores bolivianos ya están en la prensa, unos autopromocionados y otros haciéndose proclamar, pero todos simulado para que Bolivia olvide que NO es NO y caiga en el falso juego de las elecciones del crimen organizado.

En Cuba, Venezuela, Bolivia y Nicaragua
no hay libertad de prensa

CARLOS SÁNCHEZ BERZAÍN
Mayo 14, 2018

Cuando los detentadores del poder político terminan con la libertad de prensa, han cerrado el círculo de opresión, ya no queda vigente ninguno de los elementos esenciales de la democracia. No hay libertad de prensa a medias. La libertad de prensa es la última trinchera de defensa de la libertad y la democracia. En el modelo de las dictaduras de delincuencia organizada, el control y manipulación de la prensa es instrumento central para el sostenimiento del régimen como sucede hoy en Cuba, Venezuela, Bolivia y Nicaragua.

La libertad de prensa es un derecho. El fundamento de la libertad de prensa como derecho está en el artículo 19 de la Declaración Universal de Derechos Humanos que establece: *"Todo individuo tiene derecho a la libertad de opinión y de expresión; este derecho incluye el de no ser molestado a causa de sus opiniones, el de investigar y recibir informaciones y opiniones, y el de difundirlas, sin limitación de fronteras, por cualquier medio de expresión"*.

La UNESCO considera la libertad de prensa como "un elemento central del derecho más amplio a la libertad de expresión". Existe libertad de prensa cuando "los ciudadanos pueden ejercer el derecho para la edición de medios de comunicación, cuyos contenidos no estén controlados ni censurados por los poderes del Estado". La libertad de prensa es el derecho de investigar e informar sin ningún tipo de coacciones o amenazas como la censura previa, el acoso, el hostigamiento o cualquier acción destinada a modificar o anular la voluntad.

La libertad de prensa está garantizada por el "respeto a los derechos humanos y las libertades fundamentales", por la vigencia del "estado de derecho", por la " división e independencia de los poderes públicos", que junto con "la celebración de elecciones periódicas, libres, justas y basadas en el sufragio universal y secreto como expresión de la soberanía del pueblo" y el "régimen plural de partidos y organizaciones políticas", son los elementos esenciales de la democracia. La libertad de prensa es inherente a la democracia, necesita de las condiciones de democracia para existir y al mismo tiempo las garantiza.

El siglo XXI en las Américas ha demostrado que el modelo de la alianza entre Castro y Chávez impuso su metodología de violación de los derechos humanos y libertades fundamentales, tomó control de todos los poderes del Estado, hizo desaparecer el estado de derecho suplantando las constituciones políticas, impuso "leyes infames" violatorias de los derechos humanos, institucionalizó el fraude electoral, persiguió, encarceló y exilió a los opositores destrozando el sistema plural de partidos y organizaciones políticas. Cuando los ahora dictadores de Venezuela, Bolivia y Nicaragua, en el modelo de Cuba, controlaron todos los poderes y suplantaron el estado de derecho, atacaron y terminaron con la prensa libre.

Cuba con los Castro, Venezuela con Chávez y Maduro, Bolivia con Evo Morales, Nicaragua con Daniel Ortega y Ecuador con Rafael Correa, sustituyeron la libertad de prensa por un sistema de control de información, con censura previa, auto censura, represión económica y judicial. Se apropiaron –mediante transferencias bajo presión, confiscaciones, intervenciones y violencia– de medios de comunicación privados para ponerlos a su servicio;

han sostenido y creado medios estatales; fundado y financiado medios regionales; manejan la propaganda oficial como mecanismo de extorsión; utilizan presiones impositivas y represalias; extorsionan a empresas respecto a la asignación de su propaganda; inician y sostienen campañas de "asesinato de reputación" contra periodistas y dueños de medios.

Atentados, agresiones, desapariciones y asesinatos han sido presentados como delitos comunes, cuando existen denuncias y fundadas sospechas de que se trata de crímenes específicos para acallar la libertad de prensa. Numerosos periodistas y empresarios de medios están en el exilio, muchos más están desempleados, acosados y enjuiciados. Otros, sometidos al oprobio por necesidad y/o miedo.

En ausencia de democracia y vigencia de dictaduras de delincuencia organizada en Cuba, Venezuela, Bolivia y Nicaragua, no se puede seguir tratando el tema de la libertad de prensa en términos relativos. La realidad objetiva no permite sostener que hay un poco de libertad o que queda algo. Los hechos demuestran que no hay libertad de prensa porque simplemente no existen condiciones de democracia.

Las dictaduras son cuatro: Cuba, Venezuela, Nicaragua y Bolivia

CARLOS SÁNCHEZ BERZAÍN
Junio 10, 2018

El 48 Periodo Ordinario de Sesiones de la Asamblea General de la OEA ha cumplido el objetivo de la Organización de "promover y consolidar la democracia", declarando ilegítimo el proceso electoral y el régimen de Venezuela. Es un hecho histórico que consolida la recuperación de la OEA luego del vergonzoso periodo en que estuvo bajo control y fue instrumento de las "dictaduras del socialismo del siglo XXI" hoy denominadas "dictaduras de delincuencia organizada". Es un recordatorio de que **siguen existiendo "dos Américas", la democrática y la dictatorial**, y que las dictaduras son cuatro: Cuba, Venezuela, Nicaragua y Bolivia.

La democracia en las Américas es obligatoria para los estados que forman parte de la OEA. No es un concepto abstracto librado a consideraciones teóricas, ni es una cuestión en debate, porque está contenida por un texto mandatorio que es la Carta Democrática Interamericana (CDI) suscrita en Lima el 11 de septiembre de 2001. El término "Carta" en el Derecho Internacional "se usa para designar instrumentos oficiales de especial solemnidad, como el tratado constitutivo de una organización internacional". La OEA tiene dos cartas, la de Bogotá con la que se constituyó y la Democrática Interamericana con la que institucionalizó la democracia. Esa es la importancia y obligatoriedad de una norma obligatoria que las dictaduras pretenden sea vista como una simple proclama.

Siguen existiendo dos Américas: la democrática y la dictatorial"

El Art. 1 de la CDI manda qu**e "Los pueblos de América tienen derecho a la democracia y sus gobiernos la obligación de promoverla y defenderla".** El Art. 3 determina que "son elementos esenciales de la democracia representativa entre otros, **el respeto a los derechos humanos y las libertades fundamentales**; el acceso al poder y su ejercicio con sujeción al estado de derecho; **la celebración de elecciones periódicas, libres, justas y basadas en el sufragio universal y secreto** como expresión de la soberanía del pueblo; el régimen plural de partidos y organizaciones políticas; y la separación e independencia de los poderes públicos".

Dictadura es el "régimen político que, por la fuerza o violencia, concentra todo el poder en una persona o en un grupo y organización y reprime los derechos humanos y las libertades individuales". Aplicando la CDI, existe dictadura cuando se establece "una forma de gobierno que concentra el poder en un individuo o una élite violando cualquiera de los elementos esenciales de la democracia". **Estas son las características que hoy se presentan en Cuba, Venezuela, Nicaragua y Bolivia que son dictaduras.**

La democracia reacciona después de casi dos décadas de imposición del modelo dictatorial cubano con el petróleo de Venezuela por la alianza Castro-Chávez, continuada con el control castrista del régimen de Nicolás Maduro. **Esto hizo de la OEA con Insulza un instrumento de expansión y encubrimiento de las dictaduras,** fortalecido con el sistema de crimen organizado transnacional de contratación de obras destapado como "Lava Jato" con el "Foro de Sao Paulo", la participación de Lula da Silva desde Brasil y que aún se encubre en Cuba, Venezuela, Nicaragua y Bolivia.

Dictadura es el régimen político que, por la fuerza o violencia, concentra todo el poder en una persona o en un grupo"

El Secretario General Luis Almagro rompió el esquema en el caso Venezuela aplicando la CDI con sus informes y su sostenida lucha que ha creado la "Doctrina Almagro". La nueva política exterior de los Estados Unidos señalada por el Presidente Trump en Junio de 2017 empieza a aplicarse casi un año después con el Secretario Mike Pompeo y marca el retorno a los principios que coinciden con sus intereses de seguridad nacional. El Grupo de Lima, el liderazgo de México, el valor de Costa Rica y Chile, la decisión de Argentina y Brasil y el cambio de Colombia dan 19 votos importantes pero no suficientes.

En los 11 países que se abstuvieron destaca Ecuador con señales de salida del grupo de las dictaduras donde lo amarró Correa, Nicaragua que es una de las dictaduras pero que se abstiene seguramente a cambio del trato suave que recibió, y los países que aún dependen del petróleo dictatorial o del miedo.

Los que respaldan la dictadura Venezolana son Cuba desde fuera, que mostró controlar a Dominica y San Vicente LG, y Bolivia de Evo Morales porque su permanencia indebida en el poder depende de las dictaduras de Venezuela y Cuba.

No podemos olvidar que las dictaduras que son cuatro: Cuba, Venezuela, Nicaragua y Bolivia e integran una unidad de crimen organizado transnacional.

Bolivia, la patria está cautiva:
no hay elecciones en dictadura

CARLOS SÁNCHEZ BERZAÍN
Julio 2, 2018

En las Américas se libra hoy **la desigual lucha de los pueblos de Venezuela, Nicaragua y Bolivia para salir de las dictaduras** creadas y controladas a partir del modelo castrista de Cuba, cuyo pueblo nunca ha dejado de luchar contra la tiranía desde hace casi sesenta años.

La lucha del pueblo venezolano es la más notable y notoria por la importancia del país que con su dinero y petróleo pagó la recreación de la locura castrista, y por la magnitud de la crisis humanitaria a la que el dictador Maduro lo ha llevado. La lucha nicaragüense casi ignorada en los últimos años, es hoy crisis por la decidida presencia del pueblo en las calles **frente la brutal represión y crímenes que cometen los dictadores Ortega/Murillo.**

La dictadura de Bolivia usa la estrategia de tratar de pasar desapercibida y **continuar simulando una democracia y éxitos económicos que no existen,** como lo hacían Venezuela y Nicaragua hasta que explotaron sus crisis. El dictador Evo Morales fuerza y engaña a los bolivianos **con un proceso electoral que es solo una cadena de delitos para perpetuarse en el poder.** En este contexto y sobre la experiencia de los pueblos de Cuba, Venezuela y Nicaragua, dirijo a mis compatriotas el mensaje siguiente:

"Bolivia es hoy una dictadura. La observación de la realidad objetiva así lo demuestra. **No hay división e independencia de poderes** porque el dictador Evo Morales controla todo el poder del estado, no hay vigencia del estado de derecho porque el dictador se ha convertido en la ley, hay persecución política, no hay libertad de prensa. Hay perseguidos políticos, presos políticos y exiliados políticos. NO existe la posibilidad de elecciones libres, limpias y basadas en el voto universal, por el control desde la identificación personal, el sistema electoral, hasta las autoridades electorales que el régimen ejerce, y no hay posibilidad de libre asociación política".

Mediante referéndum, Bolivia le mandó a Evo Morales el 21 de febrero de 2016 que no vuelva a postularse en elecciones, que se vaya del poder, y para desobedecer ese mandato popular, poniéndose por encima de la ley y por encima de la voluntad popular, el dictador siguió la agenda del "castrochavismo" de la que forma parte, repitiendo lo que hizo Hugo Chávez en Venezuela el 2008, lo que hicieron los Ortega en Nicaragua y lo que acaba de hacer en Venezuela el dictador Nicolás Maduro. Con su tribunal constitucional y con esos jueces infames, **Morales estableció una sentencia que dice que lo habilita para las elecciones de 2019** y que simplemente muestra y prueba un crimen mas de los tantos que Evo Morales ha cometido contra la Patria, contra los bolivianos y contra la libertad en nuestro país.

El dictador Evo Morales controla todo el poder del estado

Por eso Bolivia tiene hoy día un solo objetivo que es recuperar la Patria. Esto significa recuperar la democracia y recuperar la República. Recuperar las condiciones de democracia para que haya elecciones libres.

Por esto, desde el exilio me permito hacer tres propuestas al pueblo boliviano:

La primera, debemos señalar al dictador como lo que es. Señalarlo por su corrupción, **por la crisis económica a la que está llevando a Bolivia en el camino de Cuba y Venezuela.** Por los atropellos, abusos y excesos que comete, que son crímenes, porque la dictadura de Bolivia es una mas de las "dictaduras de crimen organizado transnacional" agrupadas en torno a Venezuela y Cuba. Y, por el narcotráfico que hace que hoy día **se señale a Bolivia como un "narco estado" en el ámbito internacional.**

Lo segundo que propongo es un proyecto de unidad nacional, que no tiene nada que ver con la ideología, con los partidos políticos, con las ambiciones personales, regionales o sectoriales. Se trata de hacer lo que se hizo en la década de los setenta para recuperar la democracia, **primero recuperar la democracia y después disputar el poder.** Formar una alianza por la democracia que permita a la mayoría de los bolivianos estar contra la dictadura y derrotarla.

Los dictadores Nicolás Maduro, Evo Morales y Fidel Castro

En tercer lugar, tener conciencia de que **no hay elecciones en dictadura** y que quien haga el juego a las elecciones de Evo Morales para el 2019, lo único que está haciendo es prestarse al juego de la dictadura, y que cuando caiga la dictadura esa "oposición funcional" caerá con la dictadura.

El mensaje es muy claro, no hay elecciones en dictadura y los bolivianos tenemos que unirnos para recuperar la Patria que está cautiva".

ANEXO 1
Renuncia forzada del Presidente Constitucional de la República Gonzalo Sánchez de Lozada. Mensaje al Congreso Nacional

Honorables Congresales:

Bolivia está viviendo horas cruciales. La democracia está bajo el asedio de grupos corporativos, políticos y sindicales que no creen en ella y que la utilizan según su conveniencia.

Todo esto configura un cuadro de sedición que, con el pretexto de la exportación del gas natural, ha violado la esencia de la democracia, que es el respeto al veredicto de las urnas para la elección de los gobernantes.

Se ha utilizado esa bandera, rehusando el diálogo, para buscar mi renuncia, atribuyéndome no sólo la responsabilidad de los problemas actuales que confronta la República, sino también la falta de soluciones. Si así fuera, mi renuncia, que hoy pongo a consideración del Honorable Congreso Nacional, debería ser suficiente para la solución de los problemas nacionales.

Aunque lo deseo fervorosamente, me temo que la solución no sea tan sencilla.

Las causas profundas de esta crisis obligan a un razonamiento esencial, que las pasiones ahora desatadas no nos permiten alcanzar. El tiempo se encargará de hacerlo por nosotros, y a él me encomiendo en procura de un balance sereno y objetivo que las circunstancias nos niegan hoy.

A los bolivianos nos ha costado mucha sangre y mucho dolor conquistar y sostener la democracia. Hoy sabemos que la democracia es un privilegio que hay que preservar para mantener la unidad de la Nación boliviana, con libertad y

dignidad. El Presidente de la República es símbolo de esa unidad, en medio de la diversidad nacional, diversidad que debe
ser fuente de orgullo y no de conflicto ni de violencia.

Al poner mi renuncia a consideración del Honorable
Congreso Nacional, lo hago con la íntima convicción de que
la aceptación de la misma no corresponde ya que no se puede
re t i rar a un Presidente elegido democráticamente, por
mecanismos de presión y de violencia que están al margen
de la ley. Este es un funesto precedente para la d e m o c racia
boliviana y continental. El Congreso de acuerdo a la atribución contenida en el artículo 68 inciso 4to. de la Constitución
Política del Estado debe decidir si la acepta o la rechaza. Si la
acepta el Vi c e p residente de la República deberá asumir la P
residencia y ejercerla hasta la finalización del período constitucional por mandato del artículo 93 -II de la Carta Fundamental. Esta es una tarea que el Congreso debe encarar con la
responsabilidad que exige la hora presente .

Pero es mi deber advertir que los peligros que se ciernen
sobre la Patria siguen intactos: la desintegración nacional, el
autoritarismo corporativista y sindical y la violencia fratici-
da. Estos peligros se asientan en la circunstancia histórica en
que los fundamentos de la democracia han sido puestos en
cuestión. Quiera Dios que algún día no tengamos que arrepentirnos de todo esto.

Honorables Congresales:

He servido a Bolivia con entrega y dedicación sin límites.
Esa es la más grande recompensa que haya podido alcanzar
a lo largo de mi vida. Agradezco a Dios por ese privilegio y
le pido desde lo más profundo de mi corazón que ilumine y
bendiga a todas las bolivianas y bolivianos.

17 de octubre de 2003

Gonzalo Sánchez de Lozada
Presidente Constitucional de la República

ANEXO 2
Decreto Supremo No. 27234.
Amnistía otorgada a los responsables de la conspiración y derrocamiento de octubre 2003

N° 2532   G A C E T A   O F I C I A L   D E   B O L I V I A

DECRETO SUPREMO N° 27234

CARLOS D. MESA GISBERT
PRESIDENTE CONSTITUCIONAL DE LA REPUBLICA

CONSIDERANDO:

Que la Ley N° 2494 de 4 de agosto de 2003 - Ley del Sistema Nacional de Seguridad Ciudadana, entro en vigencia en un contexto de profunda crisis social, económica y política.

Que en los lamentables acontecimientos vividos recientemente en el país, los movimientos sociales han cuestionado enérgicamente un sistema político tradicional que no dio respuesta a las necesidades y aspiraciones de la mayoría de los ciudadanos

Que la Ley del Sistema Nacional de Seguridad Ciudadana, en lo relativo a las modificaciones del Código Penal, ha sido considerada por la población como una Ley de seguridad del Gobierno de turno, para reprimir la protesta social y silenciar las reivindicaciones sociales, perjudicando los derechos fundamentales a la libertad de expresión y petición colectiva.

Que la Constitución Política del Estado en el Numeral 13 del Artículo 96, establece como atribución del Presidente de la República decretar amnistías por delitos contra la seguridad del Estado; por lo que los delitos contra la seguridad del Estado acontecidos en las últimas protestas sociales, son delitos catalogados como políticos.

Que según la doctrina penal, el delito político no se define por criterios objetivos sino subjetivos, que tienen que ver con los móviles que determinan la acción que se encuadra en un tipo penal determinado.

Que los hechos ocurridos en el mes de octubre, formalmente pueden ser interpretados como delitos de tipo penal en la Ley del Sistema Nacional de Seguridad ciudadana, pero considerando sus características y antecedentes en cuanto al móvil que impulso estas acciones, resulta evidente que los mismos no respondían al deseo de cometer un delito de orden penal; más al contrario expresaban una protesta social contra el Gobierno constituido.

Que actualmente el Gobierno Nacional tiene como prioridad recuperar la vigencia y credibilidad del Sistema Democrático, fortaleciendo el Estado de Derecho, la paz social y la reconciliación entre todos los bolivianos, a cuyo fin, uno de los instrumentos adecuados es el presente Decreto Supremo de amnistía, en el marco de la Constitución Política del Estado.

EN CONSEJO DE GABINETE,

DECRETA:

23

ARTICULO 1.- (OBJETO). El presente Decreto Supremo tiene por objeto establecer amnistía temporal para los delitos comprendidos en la Ley N° 2494 de 4 de agosto de 2003 - Ley del Sistema Nacional de Seguridad Ciudadana.

ARTICULO 2.- (AMNISTIA).

I. Se decreta amnistía para todos los delitos comprendidos en la Ley N° 2494 de 4 de agosto de 2003 - Ley del Sistema Nacional de Seguridad Ciudadana, con relación a las acciones realizadas a partir del momento de la vigencia de la Ley y hasta el momento de entrada en vigencia del presente Decreto Supremo

II. Para los casos de las tierras rurales y agrícolas mencionadas en el Artículo 2 del Decreto Supremo N° 27068 de 6 de junio de 2003, se aplicarán los procedimientos establecidos en la Ley N° 1715 de 18 de octubre de 1996 y sus disposiciones reglamentarias.

ARTICULO 3.- (PROCESOS PENDIENTES). Se instruye al Señor Viceministro de Justicia para que a través de la Defensa Pública, presente requerimientos a los juzgados o tribunales correspondientes, a efecto de la extinción de la acción penal en los procesos pendientes, según lo determinado en el presente Decreto Supremo.

El Señor Ministro de Estado en el Despacho de la Presidencia queda encargado de la ejecución y cumplimiento del presente Decreto Supremo.

Es dado en el Palacio de Gobierno de la ciudad de La Paz, a los treinta y un días del mes de octubre del año dos mil tres.

FDO. CARLOS D. MESA GISBERT, Jorge Gumucio Granier Ministro Interino de RR.EE. y Culto, José Antonio Galindo Neder, Alfonso Ferrufino Valderrama, Gonzalo Arredondo Millán, Rubén Ferrufino Goitia Ministro Interino de Hacienda, Jorge Cortés Rodríguez, Jorge Urquidi Barrau Ministro de Servicios y Obras Públicas e Interino de Desarrollo Económico, Alvaro Ríos Roca, Donato Ayma Rojas, Fernando Antezana Aranibar, Luis Fernández Fagalde, Diego Montenegro Ernst, Robert Barbery Anaya. Justo Seoane Parapaino.

Impreso en Imprenta de Gaceta
Oficial de Bolivia
Calle Mercado N° 1115
Edificio Guerrero
TELEFONOS 2334650 - 2334537

ANEXO 3
Decreto Supremo No. 27234.
Complemento de la Aministía otorgada
por Carlos Mesa a los responsables de la
conspiración y derrocamiento de octubre 2003

Por Carlos Mesa

DECRETO SUPREMO N° 27237
CARLOS D. MESA GISBERT
PRESIDENTE CONSTITUCIONAL DE LA REPUBLICA

CONSIDERANDO:

Que el Decreto Supremo N° 27234 de 31 de octubre de 2003, establece la amnistía temporal para los delitos comprendidos en la Ley N° 2494, del Sistema Nacional de Seguridad Ciudadana.

Que el Artículo 2 de la mencionada norma, decreta amnistía para todos los delitos comprendidos en la Ley N° 2494, con relación a las acciones realizadas a partir del momento de la vigencia de la Ley y hasta el momento de entrada en vigencia del presente Decreto Supremo.

Que es necesario precisar los alcances del Decreto Supremo N° 27234, en el sentido de que la amnistía esta referida únicamente a los hechos de protesta social ocurridos a partir del 5 de agosto de 2003, fecha de publicación de la Ley N° 2494, hasta el 4 de noviembre de 2003, fecha de publicación del Decreto Supremo N° 27234.

EN CONSEJO DE GABINETE,

D E C R E T A:

ARTICULO UNICO.- La amnistía decretada en el Artículo 2 del Decreto Supremo N° 27234 de 31 de octubre de 2003, alcanza únicamente a los ciudadanos cuyas acciones se hubieran realizado en el período de tiempo comprendido entre el 5 de agosto y el 4 de noviembre del 2003, en el ámbito de la protesta social, en contra de las decisiones y políticas asumidas por el Gobierno Nacional.

El Señor Ministro de Estado en el Despacho de la Presidencia queda encargado de la ejecución y cumplimiento del presente Decreto Supremo.
Es dado en el Palacio de Gobierno de la ciudad de La Paz, a los cuatro días del mes de noviembre del año dos mil tres.

FDO. CARLOS D. MESA GISBERT, Juan Ignacio Siles del Valle, José Antonio Galindo Neder, Alfonso Ferrufino Valderrama, Gonzalo Arredondo Millán, Javier Gonzalo Cuevas Argote, Jorge Cortés Rodríguez, Xavier Nogales Iturri, Jorge Urquidi Barrau, Alvaro Ríos Roca, Donato Ayma Rojas, Fernando Antezana Aranibar, Luis Fernández Fagalde, Diego Montenegro Ernst, Robert Barbery Anaya, Justo Seoane Parapaino.

ANEXO 4

Ley 3941. que otorga al Congreso ordinario la facultad de interpretar y redactar la nueva Constitución

LEY No. 3941
LEY DE 21 DE OCTUBRE DE 2008

EVO MORÁLES AYMA
PRESIDENTE CONSTITUCIONAL DE LA REPUBLICA

Por cuanto, el Honorable Congreso Nacional, ha sancionado la siguiente Ley:

EL HONORABLE CONGRESO NACIONAL

DECRETA:

ARTICULO 1.- (Marco Constitucional) De conformidad con lo establecido en el Artículo 233 de la Constitución Política del Estado, se interpreta el Artículo 232 de la Ley Fundamental.

ARTICULO 2.- (Interpretación) En aplicación de la Institucionalidad Republicana, el principio de Soberanía Popular, el Estado Social y Democrático de Derecho, determinados en los Artículos 1, 2 y 4 de la Constitución Política del Estado, estableciéndose que es Facultad del Honorable Congreso Nacional contribuir al proceso constituyente y realizar los ajustes necesarios al texto constitucional aprobado por la Asamblea Constituyente, sobre la base de la voluntad popular y el interés nacional, por ley especial de Congreso, aprobada por dos tercios de votos de sus miembros presentes, se interpreta los alcances del Artículo 232 constitucional, en los términos siguientes:

ARTÍCULO 232.-

    I. La reforma total de la Constitución Política del Estado es potestad privativa de la Asamblea Constituyente, que será convocada por Ley Especial de Convocatoria, la misma que señalará las formas y modalidades de elección de los constituyentes, será sancionada por dos tercios de votos de los miembros presentes del H. Congreso Nacional y no podrá ser vetada por el Presidente de la República.

    II. Concluido el proceso constituyente y recibida la propuesta constitucional, para ser sometida a consideración del pueblo soberano, el H. Congreso Nacional podrá realizar los ajustes necesarios sobre la base de la voluntad popular y del interés nacional, por ley especial de Congreso, aprobada por dos tercios de votos de sus miembros presentes.

    III. Los ajustes no podrán afectar la esencia de la voluntad del constituyente.

Remítase al Poder Ejecutivo para fines constitucionales.

Es dada en la sala de sesiones del Honorable Congreso Nacional a los veintiún días del mes de octubre de dos mil ocho años.

Fdo. Álvaro Marcelo García Linera, Fredy Omar Fernández Quiroga, .Heriberto Lázaro

ANEXO 5
Carta a parlamentarios, dirigentes y militantes del Movimiento Nacionalista Revolucionario

Miami, Florida, 8 de febrero de 2009

Señores

c. Mirtha Quevedo

Jefa Nacional,

Sub-Jefes Nacionales, Comité Político Nacional,

Parlamentarios, Dirigentes y Militantes del

MOVIMIENTO NACIONALISTA REVOLUCIONARIO

BOLIVIA.-

Compañeras y compañeros:

Me he mantenido voluntariamente al margen de la política activa nacional desde el derrocamiento del gobierno democráticamente elegido del Presidente Gonzalo Sánchez de Lozada, alzando mi voz desde este forzado exilio solamente en defensa de las instituciones republicanas de nuestro país, mediante el esclarecimiento de la verdad y contra la persecución política que los actuales detentadores del poder han desatado contra sus opositores.

Hoy después de la promulgación de una ilegítima constitución política del estado, me dirijo al Partido con el propósito de reflexionar sobre la gravedad de la situación actual, dados los reiterados atentados contra la democracia y sus instituciones y valores por parte del gobierno y cuya consecuencia será la destrucción de la Nación Boliviana.

Considero que el MNR es el instrumento político idóneo para defender la Patria y la Nación Boliviana formada a partir de la Revolución Nacional del 9 de abril de 1952. Para defender lo boliviano y a los ciudadanos –que son la base de la Nación y el Estado Nacional, se requiere una acción permanente y sin concesiones para mantener la unidad de la patria- hoy en peligro- fundada en la diversidad y el pluralismo, en la democracia y la tolerancia.

La democracia fue iniciada en el país por el MNR con la instauración del Voto Universal y profundizada –entre otras medidas- por la Reforma Educativa, la Reforma Agraria, las cortes electorales imparciales, la Participación Popular, la Reforma Constitucional de 1995, el Bonosol y el Seguro Universal Materno Infantil.

Nunca como en el momento actual la Patria ha estado en una crisis tan grave, al punto que podemos afirmar que hoy, en el camino de la imposición de la constitución de Evo, no hay democracia en Bolivia.

La democracia requiere de elecciones, con la condición esencial de que los procesos electorales sean libres y transparentes, sin fraude electoral. En este contexto, la inducción a voto, el denominado "voto comunitario" y otras formas de viciar la voluntad ciudadana, son una manifestación clara de fraude, que constituyen delitos electorales.

Le democracia electoral es necesaria, pero no es suficiente. No existe democracia auténtica, sin el consiguiente respeto a los derechos fundamentales de la persona y a las libertades básicas. Porque la democracia -que establece mecanismos de decisión para representar la voluntad de las eventuales mayorías- tiene, para ser tal, que respetar también los derechos de las minorías y las instituciones republicanas: los derechos fundamentales del individuo son la base misma del sistema y bajo ninguna forma de supuesto apoyo o decisión mayoritaria pueden ser avasallados o ignorados.

 La democracia es libertad de expresión, libertad de prensa, libertad de educación, libertad de religión, libertad de trabajo y libre iniciativa. Está fundada en la libertad como valor fundamental.

Las mayorías son siempre circunstanciales. Cuando se imponen con prepotencia a las minorías, ponen en juego el consenso mínimo que necesita una sociedad.

Por eso, en este contexto, la constitución de Evo y el proceso de tres años de abusos que la han precedido y generado, han roto la democracia en Bolivia y ponen en juego la unidad nacional. El referéndum del pasado 25 de enero es el broche de sombra de este proceso, pues ha sido un acto de fraude que ha impuesto la división por sobre esa necesaria unidad imponiendo un texto destinado a disolver Bolivia y sus instituciones fundamentales, sometiéndola al poder externo de un proyecto radical y no democrático.

La actuación de Evo Morales es de clara "traición a la Patria", al igual de la de quienes han apoyado este proceso. Su voluntad política y la de su gobierno no son propias. Obedecen –como lo expresé en anteriores comunicaciones- a un proceso neo-colonial cubano-venezolano que ha intervenido Bolivia y que desarrolla una agenda (ya aplicada en Venezuela y Ecuador), que propone lograr la re-elección indefinida del presidente para imponer un sistema autoritario de partido único.

 Es una intervención que, entre otras cosas, permite la presencia de extranjeros (cubanos, venezolanos e iraníes) que manejan e intervienen en sensibles áreas del

Estado (la seguridad, militar y policial; la inteligencia del Estado, el sistema de identificación, la educación, la salud, las telecomunicaciones, el correo y los medios de comunicación)

La constitución de Evo no es la Constitución Política del Estado. Es nula, conforme explico en el documento que adjunto como contribución a la discusión en los trabajos partidarios, y que intenta contribuir a que el MNR tome las decisiones políticas necesarias para la salvaguarda del país y de su democracia.

Defender la libertad y la democracia es defender la unidad de Bolivia.

CARLOS SANCHEZ BERZAIN

Adjunto: La Constitución de Evo es nula.

ANEXO 6
No hay voto universal y secreto en Bolivia: Cuatro nucleos del Mas anuncian Cuatro núcleos del MAS anuncian aplicar "voto comunitario"

Publicado en *La Prensa*, Agosto 20, 2009

Los cocaleros de Chapare, los campesinos de Achacachi, los cooperativistas mineros y los indígenas del Norte de Potosí, afines al Movimiento Al Socialismo (MAS), anunciaron que aplicarán el voto comunitario en las elecciones generales del 6 de diciembre próximo para evitar un respaldo de las comunidades a los candidatos opositores.

La consigna de los dirigentes de esas organizaciones es que las bases del presidente Evo Morales son leales al proceso de cambio y que después de su primera gestión cuenta con un apoyo invariable o mayor al del 18 de diciembre de 2005, cuando fue elegido con el 54 por ciento.

El reto del Jefe del Estado Plurinacional, no obstante, es ganar los comicios con un 70 por ciento de votación.

Práctica observada

El voto comunitario es una práctica de control del sufragio de algunas organizaciones que fue observada por organismos internacionales y el Órgano Electoral Plurinacional (OEP), porque se trata de un delito electoral tipificado como violación al secreto de voto y en algunos, coacción electoral.

Este ejercicio ya fue aplicado por los campesinos de Achacachi y cocaleros de Chapare en la consulta revocatoria del 10 de agosto de 2008 y los referendos dirimente y constituyente del 25 de enero, según constan en los informes de las misiones de observación electoral de la Organización de Estados Americanos (OEA) y la Unión Europea (UE).

El organismo electoral inició un proceso legal por la violación del secreto del voto contra los responsables de cinco mesas de sufragio de la provincia de Omasuyos y una de Chapare.

Control de organizaciones

Rubén Hidalgo, uno de los dirigentes de la Federación de Cocaleros del Trópico de Cochabamba, anunció que el día de las elecciones habrá control de las organizaciones para que sus afiliados asistan a sufragar y que ya se consensuó votar colectivamente por Evo Morales, quien tiene la posibilidad constitucional de ser presidente por otro periodo de cinco años.

Los compañeros ya saben por quién tienen que votar, eso ya está decidido . ¿Qué se hará para garantizar esa votación masiva? Está en la conciencia de los compañeros, pero también tendremos brigadas que estarán en las mesas .

En Achacachi, apegados a la costumbre de votar colectivamente, en diciembre, respaldarán como un solo hombre al Mandatario. El alcalde de Achacachi, Eugenio Rojas, dijo que el voto comunitario es una decisión de las comunidades donde no influyen las autoridades o los políticos , por lo que deslindó cualquier responsabilidad.

Opiniones diferentes

El secretario general de la Prefectura de La Paz y sociólogo aymara, Félix Patzi, justifica —él dice— que las determinaciones de la comunidad son de interés común, inapelables, y forman parte de los usos y costumbres que deben ser respetados por las autoridades.

Este criterio no es compartido por el ex vocal de la Corte Nacional Electoral Jorge Lazarte, quien menciona que de considerarse esta práctica como parte de las tradiciones aymaras, se legalizarían los delitos electorales.

Al margen del debate, el Órgano Electoral Plurinacional ratificó que está prohibida cualquier práctica comunitaria que tenga que ver con el control de la votación y los votantes o la organización de brigadas que no sean jurados o delegados.

ANEXO 7
"La emboscada a policías era para matar al zorro"

René Quenallata P., 8 de Abril, 2013 - ED. IMP.

El libro "La Caída de Goni", escrito por el líder campesino, Felipe Quispe "El Mallku", revela que en la emboscada de campesinos en la población altiplánica de Warisata, en el departamento de La Paz, participaron personas armadas con instrucción guerrillera y tenía el objetivo principal de matar al entonces ministro de Defensa, Carlos Sánchez Berzaín, conocido como "El Zorro".

Muy orgulloso de la que considera una proeza histórica asegura haber ordenado a sus bases, que tenían entrenamiento guerrillero del Ejército Guerrillero Túpac Katari (EGTK), a sacar las armas para enfrentar a los policías y militares. Aunque admitió que le faltó información para saber que el exministro de Defensa retornaba de Sorata en helicóptero y no así por tierra.

El controvertido líder indígena se dio un tiempo para hablar con OPINIÓN sobre su nuevo libro que refleja las jornadas del 2 de septiembre al 20 de octubre de 2003, cuando la revuelta popular, con el saldo de más de 65 muertos y 400 heridos, obliga a renunciar al mandatario, Gonzalo Sánchez de Lozada.

En un primer contacto a través de su celular El Mallku aceptó gustoso la entrevista, pero la tuvo que postergar unos días porque confesó que debía atender una reunión política con sus bases. En la segunda oportunidad dijo que no tenía una oficina para el encuentro y ofreció la histórica Plaza San Francisco, pero finalmente nos sentamos en un café cercano para conversar por algo más de 30 minutos.

Vestido de una chaqueta de cuero negro y su infaltable sombrero borsalino, también negro, respondió espontáneamente, sin pelos en la lengua.

Desde el altiplano boliviano, a orillas del lago Titicaca, Felipe Quispe se convirtió en uno de los referentes del movimiento indígena. Y también en uno de los posibles catalizadores de una sociedad convulsionada, de unos movimientos sociales que habían tumbado a tres presidentes en tres años.

Para Quispe, quien fue artífice de movimientos masivos del campesinado, el principal beneficiado de su lucha y de la caída de Sánchez de Lozada fue el cocalero Evo Morales y su partido el Movimiento Al Socialismo (MAS).

Reniega cuando recuerda los muertos civiles en las jornadas sangrientas de septiembre y octubre de 2003. Revela su estrategia e intención.

Según El Mallku, este libro es un homenaje a los artífices "olvidados" de la revuelta popular que acabó con uno de los peores gobiernos de Bolivia en octubre de 2003. Comenta sobre los planes de la toma del poder, la emboscada y la formación política-militar de los campesinos.

Actualmente, Quispe se dedica a cultivar su pequeña extensión de tierra en Achacachi y a dar clases como invitado en la Universidad Pública de El Alto (UPEA). Ambiciona formar su propio partido político para el 2014.

Confiesa que Evo Morales nunca fue su amigo y es su enemigo desde que le ganó la máxima dirigencia de la Confederación Sindical de Trabajadores Campesinos de Bolivia. Además, dice ser la alternativa para hacerle frente políticamente a Morales.

Repite que no le teme a la cárcel ni a la muerte. Dice que si quieren enjuiciarlo por los muertos de 2003 está dispuesto a ir al penal. Advierte que si no logra personería jurídica de su partido se replegará a la guerra de guerrilla para la toma del poder. No teme que lo maten por sus ideales.

¿Qué le motivó escribir la *Caída de Goni*?

Quiero mostrar al país que los campesinos han sido el pilar fundamental para enfrentar a los gobiernos saqueadores, sobre todo contra el Gobierno de Gonzalo Sánchez de Lozada que saqueó al país y nos entregó a las transnacionales. Muchos creen que Evo Morales es el artífice de ese movimiento, cuando no es verdad porque él estaba ausente y con miedo se fue a Libia. La Confederación Sindical de Trabajadores Campesinos de Bolivia (CSTCB del 2000 era un gran referente.

Cuando asume Evo Morales el Gobierno, los campesinos y la CSTCB no aparecemos, menos en la historia porque nos han borrado. Incluso en este último Congreso han borrado mi nombre del estatuto de la Confederación de Campesinos. Escribo este libro para refrescar la memoria histórica a los bolivianos.

¿Cómo lo trabajó?

Más que un libro es un diario. Yo anotaba todo lo que hacíamos en la Confederación: la estrategia, objetivos, reuniones y todos los hechos. Siempre tenía un cuaderno y un lápiz.

Este texto relata desde el 2 de septiembre hasta el 20 de octubre de 2003.

Estoy narrando cómo empezamos la marcha de Caracollo y la concentración en la ciudad de La Paz, luego decidimos hacer una huelga de hambre 2.000 personas entre hombres, mujeres, niños y ancianos, en la Radio San Gabriel.

¿Cuál fue la estrategia para enfrentar al Gobierno de Goni?

Comenzamos con la huelga de hambre, luego secuestramos a algunos ministros de Estado. Ellos firmaron un compromiso para dar libertad al compañero Edwin Huampo que estaba preso por ejecutar a dos ladrones de animales en el campo, además había 72 puntos.

El 20 de septiembre toman presos a tres compañeros campesinos en Warisata y los llevan a Sorata. Cuando nos comunicaron este hecho preparamos la arremetida contra el Gobierno.

¿Sorata es el principio del fin de Goni?

Sin ninguna duda. Una vez presos nuestros compañeros ordeno a las bases, a alguna gente que tenía entrenamiento guerrillero del EGTK, a ejecutar nuestra estrategia contra el Gobierno. Además ordeno sacar las armas para enfrentar a los militares. Entonces nuestra gente preparada para las guerrillas ha emboscado a los policías con un muerto y varios heridos. Esa fue la causa para que los militares intervengan a Warisata el 20 de septiembre. En esa jornada matan a una niña de ocho años, además de otras personas. Ese día mueren cinco personas, uno en Ilabaya, otro en Sorata y tres en Warisata. Esas balas de Warisata ha levantado a la gente de El Alto.

¿Fue planificada la emboscada a policías en Warisata?

Hemos planificado e instruido esa emboscada. Sacamos armas. Teníamos el objetivo de atacar al ministro Carlos Sánchez Berzaín, pero no sabíamos que estaba en helicóptero. Pensamos que iba a salir por el camino carretero, porque ahí era el objetivo capturarlo y, si posible, matarlo. Si Sánchez Berzaín salía por tierra y pasaba por Warisata estoy seguro que moría en la emboscada, porque queríamos matarlo. Mucha gente en el campo ha muerto por las balas del Gobierno y nosotros teníamos que vengar esas muertes.

Desde el 20 de septiembre hacemos una revuelta seria y planificada. Declaramos la madre de todas las batallas para nosotros, hemos hecho un epicentro de todos los movimientos sociales liderados por los campesinos. Hemos enviado a la gente a diferentes lugares para agitar a las masas, a las mujeres hemos enviado a los mercados, gracias todo esto hemos hecho este acontecimiento histórico.

¿Impulsaron la lucha armada?

Desde un principio hemos decidido ir a la lucha armada para la toma del poder, si no estábamos en la huelga de hambre íbamos a tomar el Gobierno. Soy responsable de ese movimiento porque era el líder de la CSTCB.

¿Y de los muertos?

Claro que sí. Si el Gobierno o alguien quiere hacerme responsable, no tengo problema en enfrentar cualquier juicio, no tengo miedo la cárcel. Si este país ha cambiado y se ha librado de los ladrones politiqueros, estoy dispuesto a asumirlo.

¿Qué le debe Evo Morales al movimiento campesino?

Evo Morales no hubiera sido nada sin el valeroso movimiento campesino que comenzó en Sorata, Warisata y luego se trasladó a El Alto. Evo escapó el 2003 a Libia para hacer tratos con Muhammad Gaddafi, luego se fue a Venezuela y eso también está en el libro. La gente del MAS nos ha dado la contra. Ahora hay que reconocer que el MAS, si bien se ha aprovechado de esta revuelta popular, sus líderes han actuado inteligentemente en alianza con el presidente Carlos Mesa. Además estaba muy aliado con las Organizaciones No Gubernamentales de Carlos Romero, Carlos Villegas, Juan Ramón Quintana, Alfredo Rada y otros.

¿Cuál la influencia de las ONG?

Las organizaciones no gubernamentales (ONG) y Venezuela han puesto plata para tomar el poder, pero los campesinos del altiplano se lo hemos trabajado, le hemos tendido la mesa y ahí están comiendo ahora. En el libro les pregunto al vicepresidente Álvaro García Linera, al ministro Juan Ramón Quintana y a otros ministros ¿cuántos muertos tienen en las jornadas sangrientas de septiembre y octubre?. Ninguno porque estaban en sus casas para luego aprovecharse de este movimiento. Hemos sido los indios los que hemos ofrendado nuestras vidas con 70 muertos y 400 heridos.

¿Cuál el papel de los líderes sociales?

Yo me siento responsable de encabezar este movimiento. Si me llaman a la justicia ordinaria yo me voy a presentar. No tengo miedo ir a la cárcel. Los militares no tienen pantalones por eso lloran, cuando sus balas son las que han matado a la gente, no tienen preparación para estar en las cárceles. Nosotros los líderes políticos estamos preparados para sobrevivir en las cárceles, exilios o confinamientos.

¿En qué consistió el plan hormiga, plan pulga y otros?

El primero era el plan pulga que era picar al enemigo, hacerlo saltar y después desaparecer. Eso hemos hecho en la emboscada.

Luego estaba el plan de las hormigas coloradas, que era cercar a la ciudad y porque colorada por los ponchos rojos. Finalmente estaba el plan Tarajchi que no logramos ejecutarlo, porque era la toma del poder, tomar las casas de los ricos, de los ministros y si era posible hacer desaparecer a esa gente porque ellos han gobernado de generación tras generación sometiendo a la pobreza al pueblo.

¿Cuántos libros ha escrito?

En 1988 escribí "Túpac Katari Vive y Vuelve Carajo" que está escrito empíricamente. Luego escribí el "Indio en Escena", en la cárcel escribí "Mi Captura" y ahora "La Caída de Gonzalo Sánchez de Lozada". Escribo también "Nuestros Errores".

¿Cuáles han sido sus errores?

Uno de los peores ha sido el haber instruido en el campo la guerra de guerrillas.

Mucha gente ha llegado de la universidad y les hemos entrenado política y militarmente en la Cordillera de Los Andes con el EGTK. Álvaro García Linera no sabía vivir en el campo, le hacía daño la comida, el agua y estaba constantemente con diarrea. No sabía caminar de noche y ni siquiera quería hacer guardia a medianoche. Lo hemos instruido con los principios de libertad, pero ahora ya se vuelto un burgués. Traiciona los principios de la guerra de guerrillas.

¿Cuál es su futuro político?

No tenemos libertad de expresión ahora. La prensa está amenazada, pero pese a ese régimen dictatorial lo que voy a hacer es recolectar 150 mil firmas para hacer mi partido político a nivel nacional. También sé que el Tribunal Electoral que está manejado por el MAS y que me van a poner trabas para conseguir mi personería jurídica por temor a que le vaya a quitar los votos en el área rural.

¿Si no consigue la personería jurídica que va a hacer?

Si no logramos el objetivo de ir a las elecciones, entonces volveremos a tomar las armas. La toma del poder deberá ser armada con la guerra de guerrillas. No he tenido miedo a Hugo Banzer, a Gonzalo Sánchez de Lozada ni a Carlos Mesa.

Ahora estoy buscando financiamiento porque todo cuesta. Antes los libros para las firmas eran gratis ahora hay que pagar.

¿Quiere ser alternativa a Evo Morales en las elecciones de 2014?

Mucha gente se pregunta después Evo Morales quién. Aquí estoy como alternativa para dirigir al país. Soy el padre que engendró los movimientos desde el 2000 al 2006, el que ha volteado a tres gobiernos, de Banzer, Sánchez de Lozada y Mesa. Voy a proponer un programa de gobierno diferente, acorde a las realidades de Bolivia. No nos vamos a cerrar en el indianismo sino vamos a ser más amplios, hay que pensar diferente.

Vamos a tener discursos en aymara, quechua, en guaraní, pero también vamos a aprender inglés.

¿Qué le propone a la gente para tener convocatoria?

Vamos a ser diferentes al Gobierno de Morales. Tiene que haber verdadera igualdad, tenemos que quitarle los privilegios a los ricos y las transnacionales que siguen saqueando Bolivia. Nuestras bases tienen que dar un tributo para nuestra organización política. Toca los verdaderos indígenas campesinos gobernar el país.

Vamos a tener un Ministerio de Asuntos Blancos, como ellos han tenido un Ministerio de Asuntos Campesinos.

¿Cómo ve a Evo Morales para las elecciones de 2014?

Evo Morales lo tiene todo. Cuenta con una gran ventaja para las elecciones del 2014 porque tiene los cuatro órganos: el Electoral, el Judicial, el Legislativo y el Ejecutivo, además tiene dinero. Comenzó su campaña electoral desde que fue reelecto, con entrega de obras cada día. Su gran debilidad es que no están trabajando en formar líderes y todo gira en torno a Morales, pero no es eterno y nosotros estamos trabajando para ser la alternativa.

¿A qué se dedica actualmente?

Trabajo en el campo, labrando mi tierra en mi comunidad. También soy un invitado en la Universidad Pública de El Alto para dictar Historia del siglo IXX y siglo XX en la carrera de Historia. Ningún docente ha sido autor ni actor de movimientos sociales.

ANEXO 8
Juicio civil en los Estados Unidos contra el expresidente y el exministro de defensa del gobierno constitucional de Bolivia derrocado el 17 de octubre de 2003

Nota de prensa.

El juicio publicitado por Evo Morales y su régimen en Bolivia como un nuevo juicio, es una causa civil iniciada en los Estados Unidos el año 2007, que entra en su fase final el próximo mes de marzo. Este tema ha sido usado reiteradamente como instrumento de publicidad por Evo Morales, y ayer 21 de Febrero en medio de un paro cívico nacional general y exitoso en Bolivia, que reclamaba el cumplimiento del referéndum del 21 de febrero de 2016 que impide la reelección indefinida de Evo Morales, ha vuelto a ser manipulado.

Se trata de un proceso judicial alentado sino auspiciado por Evo Morales y su régimen con el propósito de atribuir falsamente responsabilidades al Presidente Sánchez de Lozada y los miembros de su gabinete de ministros por los hechos luctuosos promovidos por el propio Morales y sus cómplices para derrocar el gobierno constitucional.

Los hechos que el juicio trata están referidos al derrocamiento del gobierno constitucional del Presidente Gonzalo Sánchez de Lozada que fue forzado a renunciar el 17 de octubre de 2003 luego de un extenso proceso de sedición y conspiración, alzamiento armado con intervención extranjera, secuestro de ciudadanos nacionales y extranjeros, muertos y heridos ciudadanos, policías y militares, atentados contra personas y bienes, supresión de servicios públicos y otros hechos delictivos a los que el gobierno constitucional tuvo que hacer frente en el marco del estado de derecho.

Los autores, cómplices e instigadores de los luctuosos sucesos conducidos por el dirigente de los cultivadores de coca ilegal Evo Morales y otros, controlan hoy el gobierno de Bolivia como parte del grupo transnacional castrochavista denominado socialismo del siglo XXI y con Evo Morales a la cabeza se amparan en dos decretos de amnistía (perdón de delitos) que en lugar de hacerlos sujetos de investigación y juzgamiento les ha permitido convertirse en acusadores, denunciantes y testigos de cargo contra sus víctimas. Estamos ante un caso en el que los asaltantes del poder, violadores de la ley y autores de los delitos contra la población, contra el orden público y el gobierno democráticamente elegido, persiguen a sus víctimas acusándolas de los delitos que ellos mismos cometieron para tomar y retener el gobierno que ahora detentan.

El Presidente Gonzalo Sánchez de Lozada y el ex Ministro de Defensa Carlos Sánchez Berzaín son dos de los mas de mil doscientos exiliados bolivianos por persecución política del régimen de Evo Morales. Hay exiliados bolivianos en Brasil, Paraguay, Perú, España y Estados Unidos, todos acusados por Evo Morales por hechos y delitos cometidos en diferentes lugares y fechas, por el propio Morales y su organización (Hotel las Américas, Chaparina, Porvenir, Cochabamba y mas)

La República de Bolivia ha sido suplantada con absoluta violación del orden constitucional y legal por el denominado Estado Plurinacional de Bolivia que ahora pretende garantizar la perpetuación indefinida de Evo Morales en el poder, con violación institucionalizada de los derechos humanos, sin estado de derecho, sin división ni independencia de los poderes públicos, con elecciones fraudulentas, sin libertad de organización política ni de prensa y con intervención transnacional. La justicia boliviana ha sido convertida en instrumento de persecución política judicializada y de encubrimiento de los delitos de Evo Morales y su régimen.

Datos sobre el derrocamiento del gobierno constitucional acaecido el 17 de octubre de 2003 y del rumbo al que Bolivia ha sido llevada por el régimen dirigido por Evo Morales se encuentran en el libro "La dictadura del siglo XXI en Bolivia" escrito por Carlos Sánchez Berzaín y en reiterados artículos, ensayos columnas contenidos en www.carlossanchezberzain.com

Los detalles jurídicos y procesales del juicio civil son manejados por los abogados defensores del Presidente Sánchez de Lozada y del ex Ministro Sánchez Berzaín.

El ex Ministro de Defensa Sánchez Berzaín que en su servicio público ha sido dos veces ministro de la Presidencia de la República, dos veces Ministro de Gobierno, Diputado Nacional por 5 años, Jefe de la oposición parlamentaria de 1997 a 2002 y Secretario Ejecutivo Nacional del Movimiento Nacionalista Revolucionario (MNR), vive en los Estados Unidos como asilado político y tiene el propósito de regresar a Bolivia inmediatamente que las condiciones de democracia sean restituidas en su país.

ANEXO 9
Goni y Sánchez Berzaín ganan juicio en USA: justicia para la democracia en Bolivia

LAW OFFICES
WILLIAMS & CONNOLLY LLP
725 TWELFTH STREET, N.W.
WASHINGTON, D. C. 20005-5901
(202) 434-5000
FAX (202) 434-5029

EDWARD BENNETT WILLIAMS (1920-1988)
PAUL R. CONNOLLY (1922-1978)

Washington, 30 de mayo de 2018

Con la decisión del juez concluye el juicio sobre los difíciles y lamentables eventos de septiembre y octubre de 2003 que interrumpieron la democracia en Bolivia. El dictamen final del juez comprobó que Presidente Gonzalo Sánchez de Lozada, Ministro Carlos Sánchez Berzaín, y su gobierno actuaron de acuerdo con la ley y que nunca tuvieron intención de causar daño a nadie. Para todos quienes los acompañaron desde el gabinete y el gobierno, este veredicto confirma lo que siempre estuvo en su conciencia.

El juez llegó a su decisión después del estricto análisis técnico y jurídico de la ley y de los hechos revisando toda la evidencia presentada y se convenció de que el gobierno de Presidente Sánchez de Lozada y Ministro Sánchez Berzaín defendió la ley y la vida de ciudadanos inocentes. La decisión del juez demuestra que no hubo absolutamente ninguna evidencia que indique la existencia de un plan u orden de utilizar la fuerza letal contra civiles. La evidencia demostró que su gobierno enfrentó la conmoción social en medio de una grave crisis económica, siempre buscando el dialogo y la resolución pacífica de los conflictos, mientras que muchos buscaban destruir la democracia.

Sin embargo, seguimos lamentando el dolor y la tragedia que los hechos violentos del año 2003 generaron para decenas de familias de ciudadanos bolivianos. Compartimos la esperanza de que un día no lejano se sepa y acepte toda la verdad. Creemos que este momento nos ofrece una oportunidad para reflexionar sobre lo sucedido, de orar por los que fueron afectados por la violencia, y comprometernos a que esta tragedia nunca más se repita.

Durante este proceso judicial se tomaron en cuenta las reformas económicas, políticas y sociales realizadas durante las dos gestiones de gobierno constitucionales y democráticos de Presidente Sánchez de Lozada y Ministro Sánchez Berzaín, en apoyo y en defensa de las poblaciones más vulnerables, de los indígenas, las mujeres, los niños y los ancianos, en línea con la tradición histórica de su partido y en sintonía con su trayectoria personal y familiar de servicio a Bolivia.

Esperamos que los resultados de este juicio no solamente recuerden a todos la importancia de la justicia para la democracia, sino que nos permitan recuperar la confianza en las instituciones democráticas. Bolivia necesita y merece retomar el camino de la libertad y la democracia.

Stephen D. Raber
Ana C. Reyes
Williams & Connolly LLP

ANEXO 10
Final Judgment

UNITED STATES DISTRICT COURT
SOUTHERN DISTRICT OF FLORIDA

CASE NO. 07-22459-CIV-COHN/SELTZER
CASE NO. 08-21063-CIV-COHN/SELTZER

ELOY ROJAS MAMANI, et al.,

      Plaintiffs,

v.

JOSÉ CARLOS SÁNCHEZ BERZAÍN,

      Defendant in No. 07-22459.

GONZALO DANIEL SÁNCHEZ DE
LOZADA SÁNCHEZ BUSTAMANTE,

      Defendant in No. 08-21063.

_______________________________________/

FINAL JUDGMENT

THIS CAUSE is before the Court following its Order Granting Defendants'
Renewed Motion for Judgment as a Matter of Law [DE 514 in Case No. 07-22459; DE
488 in Case No. 08-21063.] Accordingly, it is

ORDERED and ADJUDGED as follows:

1.   Judgment is hereby entered in favor of Defendants Gonzalo Daniel
Sánchez de Lozada Sánchez Bustamante and José Carlos Sánchez Berzaín and
against Plaintiffs. Plaintiffs shall recover nothing from Defendants in this matter.

2.   The Clerk of Court is **DIRECTED** to **CLOSE** the case and **DENY** any
pending motions as moot.

D

Florida,

JAMES I. COHN
UNITED STATES DISTRICT JUDGE

Copies provided to counsel of record via CM/ECF

2